B

READ AND BE BETTER

《去月亮上滑滑梯》被法中交流促进会收藏

《斯万堡的餐厅》支付
宝心智障碍儿守护计划
公益项目义卖作品

树儿的画

树儿画的妈妈

《开心的妈妈》

《生气的妈妈》

随时随地踢盘腿的树儿

我镜头下的树儿

秋千荡出天际的树儿

树儿爸教树儿打麻将

树儿爸带树儿去海边

树儿、树儿的画以及树儿的玩偶朋友

练了三年都学不会跳绳的树儿现在一次性能跳五十下

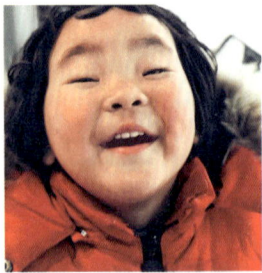

树儿的大笑九宫格

树儿

我的女儿来自星星

朱矛矛 著

GUANGXI NORMAL UNIVERSITY PRESS

广西师范大学出版社

·桂林·

目录

我的女儿来自星星

我的课题："成为"自闭儿的家长

我在普校小一陪读的一年

星星与世界的联结

后记

我的女儿来自星星

树儿，你好

树儿未出生前，我听过许多次大海原始的呼啸。

我是个有点拧巴的人。明明是个路痴，却经常为了求证印象中甚至梦中的场所是否真实存在过，凭直觉就往一条小巷子里钻、往一座石板桥上走。明明是只旱鸭子，却老是往海边跑，不为别的，就为听听海浪的声音，闻闻空气里飘来的咸腥味。怀孕的时候，去看海的渴望特别迫切。丈夫带着我，有意避开了海岛风景区的沙滩，尝试找海。

我们曾走过近十公里的通往大海的防波堤，一路奔走一路数两旁的路灯，仿佛走到了天涯海角；也曾在滨海工业园区找到一片浅石滩，跌跌撞撞爬过那片石滩，勉强看到了一小片内海。为什么非找到大海不可呢？并不是为了寻找碧海蓝天、棕榈银沙的惬意。潮涨潮落、刚柔并济的大海就像一位包容的母亲，抚平了来到海边礁石群的人们的焦虑。我坐在礁岩上，由于怀孕水肿的双脚浸泡在海里，听着不远处作业船只的汽笛声，心想：日后一定要带孩子多来海边，让他／她多和大海说说话，从广袤的大海中汲取生命最初的稳定力量。

2014年10月18日下午，我在等候区待产，但无法集中注意力，因为我要不停地给我家几个亲戚打电话，让他们安抚住我母亲，等医院的救护车来送她去住精神病院。生产后，母亲来医院见了我一面，对我撂下一句："你逍遥了这么多年，也是该让你吃吃苦头了。"随后不久，她便被送往精神病院。阳台放着一个直筒玻璃花瓶，里面插了六朵黄澄澄的向日葵。那是她送给产房护士的礼物。向日葵是母亲焦虑狂喜的象征，自从2003年父亲在单位办公室自杀之日起，二十年来母亲住院过七次，几乎每次都会在发病前购买向日葵。

生树儿前几天，我做了一个梦，梦里我挺着即将临盆的肚子在医院奔走，走到某诊室前透过窗户看见了一张熟悉的面孔。我开门进去，扑通一声跪了下来，"爸爸，爸爸"。酷似我父亲的门诊医生直愣愣地看着我，毫无反应，他似乎也在绞尽脑汁回忆我是谁。

"宫口还没打开三指，还早着呢。"医生过来查房时说。

"医生，我要剖腹产。"当时我焦虑过度，根本没心思去体会新生命即将到来的喜悦，也没有勇气去尝试顺产。

医生例行询问了我的身体情况——"我自然流产过一个，人流过三个。"

树儿是我的第五个孩子，注定是"吾儿"。"树儿"这一乳名是我在怀孕期间就想好的，我希望她能安稳、正直地过一生。她不一定非得成为参天大树不可，也可以是矮小的灌木丛。只要她肯向下扎根、脚踏实地地努力向上生长就可以了。

树儿于 2014 年 10 月 18 日晚七点左右降生。夜里，由于没有打镇痛剂，我瞪着眼睛，看着墙上的时钟直到天亮。陪床的树儿爸呼噜打得震天响，我不断想到生下树儿时她被抓着小脚倒挂着提起来的画面。当时我瞄了一眼这个有点发青、血淋淋、黏糊糊的"小妖孽"，还不知道在日后的养育过程中，我会如此不舍与她分离。此后漫长却也短暂的时间里，我后知后觉地意识到一个现实：我当妈妈了，这是要当一辈子的。

"树儿，妈妈会保护你，不让你受任何人的伤害，包括妈妈在内。"

第二天，秋高气爽。我在公立医院的产房的阳台上，小心翼翼地抱着刚出生一天的软乎乎的树儿，那时我还不知道怎么抱她——该竖着，还是横着？凭母性本能，我猜让她贴近我的心脏，她会舒服些。阳光直射过来有一丝温暖，我背对着太阳，逗弄襁褓中的婴儿，她双手握拳，蜷缩成一团。

红蓝气球的忧郁

在树儿出生前，我曾在一家报社当见习记者，一度过得有点浑浑噩噩。当时受不了工作压力，我曾在一家咖啡馆——"小茶悦会"鸵鸟般遁世了一段时间。在小茶悦会的木制做旧长桌上，我用蜡笔画了一红一蓝两个气球，祭奠我尚未出生就已死去的孩子，在红蓝气球旁密密麻麻地记着我的忏悔和给已成亡魂的孩子的信。堕胎除了出于经济拮据、担心养不起孩子的考量外，还有一个偏执到近乎残忍的理由：我的父母都患有精神疾病。精神疾病是有可能遗传给下一代的，我想杜绝"疯血"*代代传的悲剧，让有可能致疯的香火从我这代断绝。

在我上初中之前，父亲都特别忙，母亲长期处于丧偶

---

* "疯血"一词为笔者所造。对于患精神性疾病的人，民间可能称作疯子、傻子。

式育儿的状态。我最初的记忆源于我六岁之前住的第一个家，那是四合院的平房，邻居家烧什么菜大家都能知道。我和另一个孩子是全院最会哭的女孩。听母亲说，父亲从来没有给我换过棉布尿片，因为他受不了我的哭声。父亲跟母亲分房睡，他睡在狭小的书房，那个房间的一整面墙上都摆满了他的工作用书。

上了小学后，父亲被分配到单位在乡下办的扶贫工厂任厂长，一周或两周回家一次。当时乡村还没通公路，要去探望父亲，我和母亲得先坐公交到渡口，再坐渡轮，然后坐大巴到镇上，再换小巴到乡里，最后坐拖拉机。我的手死死抓住拖拉机车厢内悬挂着的麻绳，一路在崎岖的山路上颠簸，每次震颤我都乐得屁颠屁颠的。小学六年间，我的寒暑假基本是在乡下工厂度过的，那是我童年记忆里美好的时光。工厂后门出去，有一条小溪，溪对岸是葡萄园。夏天，父亲下了班会带我去葡萄园摘葡萄吃，吃不完的就放进食堂冰箱冻成"葡萄弹珠"。偶尔，他会带我在晚饭后散步，那儿听得见溪涧蛙声，还能看见草丛里的萤火虫。冬天，父亲和留守的工人们一起过年，去镇上买现宰的黄牛、山羊炖汤喝。

快乐的记忆于我却有几分凄凉的底色。有一回，母亲有事回去了，我和父亲一起睡。他睡地板，我睡床。我被噩梦吓醒，哭着喊着对父亲说："爸爸，我梦见你被绑在十字架上，身上绕着蛇，还有熊熊大火。地球是个小皮球，爸爸，你要信上帝啊！要不然会下地狱的！"父亲的回答，我至今言犹在耳："爸爸不会下地狱的，你和妈妈会去天堂，爸爸会一个人在地球上游荡。"多年后，我才感受到父亲话里渗透的孤独。

高二，父亲被他的兄弟姐妹带着到全国各地寻找名医，心理咨询、催眠疗法、服药都试过，还住过两家高级静修疗养院，均不见效，最后他回到家里。最后的时光里，父亲在家不停地画图、练毛笔字，图纸上画满了各式各样的房子。他的理想就是归隐田园，自给自足。死前几天是他的四十岁生日。当时的他因为疾病的关系，经常会因四肢无力而摔倒。父亲打开冰箱去取生日蛋糕，手一抖，蛋糕摔得稀烂。他无声地哭着，坐在地上捞奶油吃。我目睹了他最无助的一幕。当时我对母亲产生了恨意，为什么父亲都病危了她还不对他温柔些，难道夫妻本是同林鸟，大难临头各自飞？一直到父亲去世八年后，我才明白原来父亲生病的同时母亲也生病了，当时的她双相情感障碍躁狂发作了。这是和我一样的病，我深知其痛苦。我终于原谅了母亲。

有了这个阴郁又正当的理由，我强迫自己正视妇科大夫谴责的目光，在被明确告知有可能导致习惯性流产、终身不孕的情况下，我选择了人工终止妊娠。但实际上，撇开这个长久以来萦绕不散的梦魇，我是渴望成为母亲的。我从小的梦想就是当一个妈妈，养育一个可爱的孩子。我害怕精神病基因会遗传给孩子，但内心深处我当妈妈的梦想并没有消失，只是埋藏得更深了。或许正是因为存在着这种矛盾，有时我会悲观地想，正是对新生命的漠然、鲁莽、无知、自私，让我成了草菅人命、双手沾满鲜血的"刽子手"。也许真正令当时的我"变疯"的，是干过数回刽子手勾当带来的负罪感，或者说"杀生"带来的后遗症。

2014年，我和丈夫去四川荣县探亲。那年春节，坐火车耗时35小时24分，途经三十一座城市，横贯浙江、江西、湖北、四川，总里程 2352 公里。我意外怀上了树儿，而那次旅程，改变了我对于是否要当妈妈的想法，解开了我一直排斥拥有一个自己的孩子的心结。

荣县位于内江与自贡交界处，是辛亥革命首义之地。老城区的首义广场边上的一家西点店，既售"福如东海寿比南山"奶油寿桃蛋糕，又卖法式长棍面包，还供现磨咖啡。在西南偏远县城，喝到拉花拿铁，我既窃喜又内疚。这心态有点像顿顿稀粥的穷人突然吃了顿干饭，怕惹人闲话，所以藏着掖着。探亲半月，我遮遮掩掩喝了三次。喝的时候如同陈丹燕《成为和平饭店》里的夏工之，"喝下第一口咖啡，他整个人像皱而干的棉布入了水，微微飘荡着平展开来"。

丈夫一大家子一起租住在离首义广场不远的县城老城区的筒子楼里。公婆住一间，哥嫂侄女住一间，没有独立的厨房和卫生间，烧饭做菜就在楼下临时搭建的红砖院子里，上厕所得蹲茅坑。公婆的房间采光很差，唯一的光源就是顶上吊着的白炽灯。小侄女都十岁了，还得与哥哥嫂子挤一张乡下地方常见的老式雕花木床。为了让探亲的我们住得舒适点，大哥特意租了楼上面积大点的房间，并且和隔壁一家有卫生间的租客谈妥，允许我们去那里洗澡。公公还买了瓜子、蜜橘、糖果这些他过年才舍得买的零食送给我们，并帮我们换了盏亮点的灯泡。

虽然是过年，但公婆哥嫂实际能坐下来与我们聊天的时间并不多。当环卫洒水工的公公过年连除夕都没能休息；哥哥买了辆小货车，专门靠从县里砖厂拉货去邻县赚钱，春节还拉活；嫂子在一家鞋店当营业员，没有底薪，纯靠提成过活，过年生意好，她舍不得放假休息，但中午依然会赶回来为大家煮饭（看着嫂子忙进忙出的，我有点过意不去，就给她打下手）；婆婆患了帕金森病，手脚抖动，还经常不定时地抽筋，但只要身体舒服些就扫地、摘野菜，做些基本的家务，年年如此。最近的 2024 年过年回去的时候，我急性抑郁发作，带的药不够了，哥嫂一家还帮我跑了好几个地方找药。他们拿着这辈子第一次看到的精神类药物照片，一家一家药店询问，托关系打听县卫生院、县医院能否开药。虽然他们可能不知道什么叫急性抑郁，但他们知道我出事了，都在想方设法帮我。

对于他们来说，能从村里搬到县城来住，这本身就是进步，值得欢欣鼓舞。我丈夫每个月都往家里寄钱，过年回家，他一直忙着修修补补。比如叫上他常年在工地上做工的堂弟一起整修家里的电路，跟村里报备安装天然气，给卫生间装电热水器——公公在快七十岁的时候，在农村老家终于可以不用砍柴烧饭、烧热水洗澡了。为了多赚些钱给婆婆治病，并且供侄女上县城的初中，他们团结在一起，脚踏实地生活着。虽然生活环境不太行，但四川老家在一点点地变好，让人看到希望。侄女奇娃乐呵呵的，也很乖巧，从不用大人操心她的学业。一家人的日子过得很有奔头，我能感受到他们生活中的希望。

　　在荣县探亲的那阵子我总在想，为什么我会喜欢丈夫的四川老家呢？因为那里是他的底色，代表了量入为出的踏实生活。奔着"把日子过好"的目的，全家各司其职，忙忙碌碌。我从小到大，搬过三次家，四合院平房、工厂职工宿舍、小高楼商品房。我现在住的房子有140平方米，住了二十四年了，仍旧不太习惯，总感觉按现实中我们家的经济条件，不配住这么大的房子。而那个工厂职工宿舍，

红蓝气球的忧郁

七层楼高米黄色的联排建筑，经常出现在我的梦里：我往上爬着台阶，而每次我爬台阶的时候楼梯也在一级级地坍塌，我像攀岩似的爬到五楼。也许，这预示着再也回不去的过去。如今，工厂职工宿舍一墙之隔是正在拔地而起的新兴购物广场。温暖的米黄色油漆脱落殆尽，露出斑驳的红色铁锈——是时候和过去道别了，无论怎样我也得努力把日子过好。

公婆及哥嫂忙里偷闲，杀鸡宰猪做了顿年夜饭给我们吃。其中一道菜，当地话叫作烧白。公公先用烧红的铁棍将大扇的猪五花肉烫毛，然后放在大铁锅里熬煮半小时，将猪肉从肥肉内部分割开，包进去豆沙馅儿，再放在笼屉上蒸。吃起来刺溜一下肥肉就滑进肚子里了。他们还带了五爷（公公的五弟）家活宰的兔子和五爷自家鱼塘捞的鲫鱼。嫂子将兔子剁成兔丁，用自制辣椒酱翻炒，做了盘麻辣兔丁。哥哥做了一大盆红烧鲫鱼。一顿年夜饭，烧了两个小时，大家忙里忙外，听起来就像在唱山歌的四川话此起彼伏，好不热闹。

奇娃跑出去跟院子里的孩子们玩烟花，礼花炮筒、旋转滚地龙、蝴蝶炮……过年就是敞开了玩儿的时候，家里人也不会催着她写作业。顺便一提，奇娃现在已经大一了，喜欢跳民族舞，热爱 COSPLAY 和汉服，因为家里穷，无力负担她一直学跳舞、参加艺考的费用，她便自己去 B 站搜索视频来学。她身上从小就有城里孩子少见的满足和快乐。

"嬢嬢（四川方言阿姨的意思），你喝啥子？"见我在喝咖啡，奇娃试探性地抿了一小口，皱鼻道："好苦哇。"那年十岁的她过年如愿以偿地得到了心心念念的白雪公主多功能文具盒，漾起稚气未脱的笑，也许是因为乡间长大后才来县城上小学，她比同龄的孩子要显得天真质朴。

我和她玩地图拼图，把中国的每个省份拼到一起。

"嬢嬢你家在哪？"

我指了指东南沿海的一个小点，她抻开拇指和食指，丈量荣县到那里的距离。尚未形成地理概念的她也明白我家在遥远的地方。

"你长大想干什么？"

"跟妈妈一样，生个小奇娃，把她养大。"她想都没想，笃定地说。

　　不知为什么，她的答案触动了我。如果我将来有一个孩子，他／她能像奇娃一样为自己的妈妈骄傲就好了，当时我冒出了这个想法。奇娃的生长环境颇为艰苦，她却没有因此抱怨自己的父母，她本身就拥有快乐健康成长的生命力。我一直以来有个偏见，执拗地认为孩子就该衣食无忧地长大，享受无忧无虑的童年是他们的特权。如果父母不能为他们提供这样的特权，就是不负责任的，或者说是不合格的。我认真思考自己对于所谓"疯血"的恐惧，是不是或多或少来自对父母的怨怼呢？

　　我的童年，父母是双职工，爸爸是厂里的副总，一年到头也难得见到他一面。母亲在同一家工厂工作，行政、宣传、营销都轮岗过，虽然不至于像父亲那么忙，但也得经常接待外地考察团。为了弥补父亲常年不在家的遗憾，母亲特别惯着我，帮我抵挡了许多本该由我自己承受的风雨，但她从来不陪我，也从来不盯我的作业。经济上，我可谓无忧无虑地长大了。但我的童年很孤单，很少和职工宿舍的孩子玩耍，陪伴我的是家里的一大堆玩偶。我时常对着玩偶自言自语，睡觉给玩偶盖被子，自己反倒着凉感冒。童年缺失的父爱成了我一辈子的遗憾。我希望，将来如果我有孩子，他/她一定要有一个有时间并且肯陪他/她玩的爸爸，有一对愿意对他/她说出真实焦虑的父母。丈夫老家人的生活好像在说，贫穷不是最可怕的，不懂得如何去爱自己、爱他人，成为一个空心人才是最可怕的。他们虽然生活拮据，但一家人团结、生气勃勃，我由此看到了一个成长得很好的女孩。

如果有一天，树儿问我："妈妈，你为什么要生我？"我会这么回答："很久之前，妈妈被远在千里之外的一个叫四川荣县的地方的小女孩感动，突然坚定了想有一个属于自己的孩子，然后认真抚养他/她成人的想法。树儿，怀上你是一场美丽的意外，但生下你是我为数不多的正确选择之一。"

后来，我仍旧去小茶悦会吃三明治、喝拿铁。偶尔盘腿坐在二楼窗户旁垫高的铺木板的窗台上，阳光洒进来，我会想起我那四个没机会出生的孩子。怀着一半赎罪的动机，我尽力地抚养树儿。我不是个天生有母性的妈妈，母爱是在抚养树儿的过程中被慢慢激发出来的。照顾树儿的过程，就像在上一堂又一堂的生命课。等到树儿再长大些我会告诉她，她曾经可能有哥哥姐姐。他们随着红气球、蓝气球飘到了很高很远的地方。我会乞求他们的原谅，原谅我曾经对生命的糟践。

怀孕日记

2014 年 3 月 8 日

上周，从医院做完孕检，确定已怀孕，暂时不想告诉单位的同事和领导。虽然已经下决心要生下这个孩子，但偶尔仍会动摇。宝宝，请原谅我这个准妈妈的犹豫。

今天去图书馆借书。周末来了许多读者，我幸运地抢到了阅览区靠窗的座位，喝着自带的热腾腾的雀巢金牌速溶咖啡，透过图书馆三楼的落地玻璃窗往外看，可以看到世纪广场的透明玻璃尖塔。这一幕让我联想起位于深圳市民中心的图书馆。

2009 年 7 月至 2010 年 1 月，我在深圳暂住了半年，北上广深的大城市印象牢牢地留在了我的心里。身处温州，却老回忆起深圳。夹在大城市与三线城市的夹缝里，迫使我思考城市对于一个生活其中的人意味着什么。在深圳我只是个过客，但温州就不同了，温州对于我而言是家乡。温州的独立咖啡馆的咖啡挺好喝的，一点都不逊于深圳的星巴克。

2014 年 7 月 1 日

今天是母亲生日，晚上我带她去时代广场的星巴克喝咖啡，这是母亲第二次喝现磨咖啡。第一次是在 2010 年，在黑灯瞎火（为了特意营造点蜡烛下的小资气氛）的 OPPO 咖啡馆，我外带了一杯卡布奇诺，母亲看到黑板菜单上的价格后退缩了，她舍不得买。

"一杯咖啡要二十多块，够我吃两碗猪脏粉了。你喝吧，我不喝。我本来就不喜欢喝咖啡。"

"妈，今天你生日，我请你喝，偶尔奢侈一把没关系的。"

一杯美式咖啡，一杯红茶拿铁，一块纽约芝士蛋糕，我和她面对面坐着聊天。母亲时不时地东张西望，可能由于不习惯星巴克的氛围，她有点坐立不安，不时地扭动着身体。在仓促喝完红茶拿铁后，她便拉着我去附近公园散步了。下回母亲生日，我还是带她下馆子吃顿烤肉好。

三月底被单位告知停薪留职后，将近三个月以来，都是母亲在照顾、陪伴处于待业状态的我。对于家里添丁这事儿，她似乎比我还紧张。由于我孕吐得厉害，几乎不想吃东西，为了让我吃得下饭，母亲费了不少心思。在尝试过许多食物后，我终于发现吃咸菜腐皮粉干不会诱发呕吐。于是我几乎天天都吃一顿煮粉干。

2014 年 8 月 9 日

与咖啡的斗争还在继续。囊空如洗的状态已经持续数月了，决定是否出去喝上一杯咖啡成了大事，做出决定前得计算来回的车费，以及喝了后第二天的早餐钱哪里来等一系列问题。放零钱的小铁皮桶里还有 25 元，这点钱去咖啡馆够点一杯拿铁吗？要不要去喝上一杯？睡醒后我一直琢磨。如果去，那就去 BOBO Café，点一杯浇上一圈鲜奶油撒上五颜六色糖豆的维也纳米朗琪咖啡。我可以坐在通向花园门边的位置，从靠墙的书架上抽一本游记，一杯咖啡、一杯侍应提供的免费柠檬水，享受静谧的一下午。唉！一杯维也纳米朗琪咖啡 38 元，抵大半天工资。通盘考虑后，喝咖啡非但不潇洒惬意，反而有点壮士断腕的悲壮了。

宝宝，你已经在妈妈肚子里待了六个多月。我一直待在家里，与你外婆抬头不见低头见，但我俩没什么共同话题可聊的。家里长期存在的尴尬气氛，诱使妈妈经常想离开家躲一会儿。咖啡就像妈妈不可告人的情人，只能偶尔私会。很抱歉，你没有一个肯为了你怀孕期间戒断咖啡的妈妈。现在胎动越发明显了，当我泡在咖啡馆喝咖啡时，腹中的你踢了我好几脚，是在抗议吗？

另外，还收到了来自乌克兰朋友伊凡娜（Ivanna）的礼物，一件手工缝制的乌克兰传统民族刺绣的婴儿爬服。我已经和她约定好，请她当你的干妈。

2014 年 9 月 12 日

昨天放纵了一下。一杯玛琪雅朵咖啡 32 元，一盘橄榄黑醋拌沙拉 48 元。80 元一顿的下午茶很奢侈，点完单的那一刻我就后悔了，产生了临阵脱逃的冲动，恨不得立马夺店门而出。喝过一杯咖啡享受一小时后，接下来一连几天必然会很窘迫，此刻我已经清晰预见自己身无分文煎熬时的愤怒与无奈。

"请问玛琪雅朵与焦糖玛奇朵的区别是什么？"我假装淡定地问。

侍应轻声解释："菜单上所有咖啡都是苦的，但都配糖包和奶精。"她的回答并没有解释我的疑问。但说实话，又有多少人能真正区分呢？

陶享时光咖啡红茶馆，一壶奶茶最便宜55元，一杯咖啡最便宜28元。我不时从棕皮沙发里伸一下懒腰，啜几口玛琪雅朵，一点点地加上黄糖搅拌。吧台旁站了七八个侍应，旁若无人地谈论下班后晚餐吃什么，什么时候加工资。背景音乐播放着小野丽莎的 Bossa Nova。

宝宝，还有一个月，你就要出生了。妈妈的肚子已经大得下坠了，后腰乏力，尿频尿急。一方面想让你这个难缠的小鬼早日出生，另一方面又想延迟出生。听身边不少生过孩子的朋友说，"卸货"后才是辛苦劳累的开始。你的外婆很期待见到你。这些天，她隔三岔五去菜市场买回来一大堆地摊上的便宜的婴儿服、毛巾等东西，为你的到来做准备。但她买得有点太多了，显得过于紧张……

我的咖啡瘾

怀孕期间，我的咖啡瘾很大，瞒着家里人继续喝咖啡。欺瞒和愧疚感贯穿了我整个怀孕过程。内心的纠结，让我不时联想起 *Lens* 视觉杂志里的一幅照片：昏暗的室内，一个孕妇坐着仰头吸食可卡因，她上身只穿了件运动胸罩，胸前挂着一条厚重的十字架项链。裸露的大肚子上按着一只男人的手，不知道这个男人是谁，男友？丈夫？抑或是其他人？那只轻抚的手仿佛在安慰尚未出生的胎儿：宝贝，没事的。读者看不清孕妇的脸，只能靠想象揣测她吸毒时的神态。照片的拍摄者是智利摄影师 Alejandro Olivares。这张照片是他拍摄反映智利首都圣地亚哥贫民窟现状的组照作品《边缘生活》中的一张。这张照片透露出的平庸之恶，濒临日常边缘的安静的腐烂，让人过目不忘。

为什么我对这张照片念念不忘？也许在本质上，我与这个吸毒的妈妈没有什么不同吧。怀孕期间我喝了不少咖啡，女儿在子宫里通过脐带吸食了不少咖啡因。虽然孕妇喝咖啡是否会对胎儿造成恶性影响尚无定论，但医生都会建议孕妇和哺乳期的母亲戒断咖啡。在明知最好别喝咖啡的情况下，我仍一意孤行——难道我的潜意识里存在着毒害孩子的念头？一直游离于正常生活的边缘，咖啡于我而言就是合法的可卡因。

我是如此沉迷于喝咖啡，怀孕期间心绪不平的时候，不知记了多少篇满是咖啡的日记，往往是写几句删几句，记一页撕一页。醉醺醺横冲直撞的酒鬼抢酒瓶，而我抢咖啡杯。咖啡馆外车水马龙，上班族焦急地等待公交，大爷大妈买菜回家，小本生意人骑摩托风吹日晒。咖啡客们扭过头去，从三层下午茶糕点架的托盘里拈起一小块提拉米苏，唧唧私语，唇角沾着绵密奶沫。但，躲进咖啡馆，真能逃避得了吗？

我生下了树儿，咖啡瘾却加重了。受我的影响，树儿也逐渐习惯了水开后咕噜咕噜的冒泡声以及逼仄的房间内飘荡的咖啡香。树儿的语言发育明显比同龄孩子迟缓。两岁之前，她的全部词汇量在三十个以内，只会说跑、哭、笑之类的单个字和爸爸、妈妈、宝宝之类的叠音词。"牛奶"和"咖啡"是她"唯二"会说的由不同的字组成的词，这两个词都是无师自通的。

树儿九个月大的时候，与我面对面坐着玩，草席上撒了几颗深度烘焙的云南咖啡豆，她抓起来嗅嗅、舔舔。一旁的我生嚼咖啡豆，原来咖啡豆的壳比核味要浓，滋味像无糖杏仁黑巧克力，嘎嘣脆。咖啡豆、咖啡渣、咖啡液、咖啡香，树儿几乎每天都能接触到。咖啡对她来说就像豆浆一样常见。咖啡不仅是可以喝的棕色的水，还是好玩的玩具。她喜欢捡咖啡豆，喜欢玩聪明杯（一种手冲咖啡器具），喜欢折叠咖啡滤纸，喜欢抓一把刚过滤出来还湿润的咖啡渣在白纸上涂鸦。如果我戒不了咖啡，她的童年、少年时光也将是咖啡色的。

我向伊凡娜抱怨过这个困扰，顺便抱怨"喝咖啡喝穷了"，她凭想象创作了一幅油画送给我，取名 Poverty。画中，一座昏暗的咖啡馆，落地座钟的钟摆机械地晃着，长桌上一个带缺口的咖啡杯冒着袅袅香气。"Poverty in the pocket doesn't mean poverty in soul"（人穷志不穷），她这样解释取名的原因。

伊凡娜是我之前在报社工作时认识的，那时她在我采访的私立学校担任外教老师，没想到我与她以及她的女儿拉达的友谊持续至今。她的出现让我重新审视了自己想活成的样子。单亲妈妈伊凡娜是我遇到过的最勇敢、最坚强的女性。伊凡娜刚去深圳时，交了房租后身无分文，为了攒生活费、女儿的学费、往返乌克兰的机票钱以及假期带女儿出国旅游的费用，她拼了命地工作。在现实的成人世界里，她劳累、疲于奔命，却又总是把"love"挂在嘴边——从她口中说出的"love"一词简短有力，一点也不浪漫矜持。伊凡娜还保留了一颗孩童般的好奇心，以及积极发现事物美好一面的能力。女儿拉达视她妈妈为偶像，也是个独立又勇敢的女孩。母女俩既一起画画、一起旅行，又能保留彼此的独立空间，亲子关系张弛有度。看到拉达，我就想我也要养出这样一个没大没小、把老妈当闺蜜的女儿。

如之前所约定的，伊凡娜认了树儿当干女儿，树儿的外文名就叫 Ivanna。伊凡娜告诉我，这个名字在乌克兰语里的意思是得到神的眷顾、离神很近的人。拉达自然而然成了树儿的干姐姐。肤色不同，但人与人之间的共同点要比不同点多得多。2017年，伊凡娜带着拉达来温州来看我和树儿，我们一起去了永嘉芙蓉古村玩。第二天我们在动车南站分别时，伊凡娜和我紧紧拥抱了一下，拉达亲了一口树儿肉肉的脸蛋。

与此同时，我的丈夫虽然一直对我的咖啡癖深恶痛绝，但也屡屡将脱缰的我拉回正常的轨道上。他每天吃一个馒头、一个煮鸡蛋、一碗杂粮粥去上班（早餐他一直坚持自己做，馒头是周日他自己发酵和面蒸熟的），每周慢跑两三次，半个月爬一次山，不抽烟不喝酒不熬夜，生活规律，甚至可以说是个机器人似的死心眼。处对象那会儿他对我承诺："剩下最后一碗面，你吃面，我喝汤。"即使是在我的情况最糟糕、我们的婚姻最艰难的时候，他都不曾放弃，没有说出过"离婚"两个字。

2015年春，在一间鹅黄色的心理治疗室内，我坐在碎花布艺沙发上接受心理咨询治疗。树儿靠在我身边，时不时伸手去抓茶几上的小东西，我一边安抚喂奶，一边跟心理医生交谈。

"咖啡成瘾，其实是依赖咖啡带来的刺激和新鲜感，咖啡因能起到对焦虑状态的短暂性缓解释放的作用。如果你认为喝咖啡已经对自己造成了实质性困扰，那么就该尝试戒掉它，起码要达到想喝时不是非喝不可的程度。由于母乳喂养，你的女儿通过乳汁也喝到了咖啡，想喝咖啡的时候，请你想想这一点。"心理医生温和而又坚定地告诉我。

在后续的心理治疗中，我慢慢地开始信任这位心理医生。据她的分析，我咖啡瘾加重是对现状的焦虑和对自我的极度不满引起的，喝咖啡是逃避现实的表现。她安慰我，每个人都有可能在遭遇困难且在较长时间段内处境没得到明显改善时，对某些东西（常见的如酒精）上瘾。要摆脱对致瘾物的依赖，除了戒断尝试外，找到其他有意义的事情去做，能起到更有效的根治作用。除了照顾与陪伴孩子外，做一份兼职或全职工作，留一部分独处的时间去关注自己的感受，这些做法都能缓解以咖啡瘾为主要表现特征的产后抑郁。后来，我做了一段时间亲子网站的写手，分享一些育儿日记和有关亲子问题的评论，一方面转移了自己的注意力，另一方面，也赚取到一些微薄的稿费。

　　而树儿，她在满五周岁时，已经不怎么愿意跟着我泡咖啡馆了。其实在她三岁之前，我软磨硬泡地带她去咖啡馆多半是为了满足一己私欲。从第一次目送她上幼儿园，小小的孩子走出家庭初步被纳入学前教育体系开始，树儿仿佛瞬间长大了似的，明白了咖啡馆不是通常意义上她这个年纪的孩子会去的地方，至少她的小伙伴都不去。她本能地摸到了那条看不见的成人与孩子间的界线。她知道，我也知道了，她还只是个喝牛奶的孩子。

孤独症"彩蛋"

树儿是个虎妞，她精力异常充沛，从不睡午觉，是一个浑身冒着老坛酸菜味的汗涔涔的龅牙老妹儿。特别活泼好动的她，还被亲戚们开玩笑，建议送少林寺学武。但她总体发育偏慢，奶粉喝到三周岁，尿布也是快四周岁了才戒断。快五岁时，她能说的句子最长也不超过五个字，从1数到100学不会。树儿爸担心她是弱智，我则担心她会遗传到我和母亲的双相情感障碍。尽管有诸多担忧，但我们仍被她时不时毫不设防的哈哈大笑所治愈。我觉得她是个很棒的孩子，在妈妈和外婆都患有双相情感障碍的家中，她能如此快乐地长大，也算天赋异禀。

不管我白天多么劳累，晚上看着呼呼大睡的她，亲一下她柔软的鼻尖，就能立马蓄电满格，以应付第二天的生活。有时候我遭受委屈，比如在母亲和丈夫中间受了夹板气，我会趁树儿睡着了偷偷盯着她的脸看。看着她乖巧的脸，我能感受到宁静的力量。有时候沉睡的她会嘴角上扬，可能是做了甜甜的美梦吧。但很长一段时间，我和她的生活像夹杂着许多无意义音节的默片，基本靠眼神和肢体语言交流。

2018 年 6 月我被确诊双相情感障碍，定期带着树儿去一所私立医院的凌医生看门诊。第四次门诊快结束时，凌医生砸出一枚"彩蛋"——"下周，医院邀请了北京大学第六医院儿童孤独症专家郭延庆来做专家门诊。我强烈建议你去为你的孩子报名。挂号费 1000 元。"在我表示手头没 1000 元给孩子挂专家门诊时，凌医生脸上的表情转为明显的震惊。

"儿童孤独症的确诊，或者有该倾向，需要及早干预……如果耽误了，可能到了上学的年纪，没办法正常上学。这 1000 元，你就是借，也应该借过来带孩子去看病！"凌医生义正词严，而我的耳朵里回荡起类似培训班课程顾问劝导家长报名缴费的语音语调。诊室内，树儿在沙发上爬上爬下，自言自语，念念有词，玩得不亦乐乎。

"我的孩子没有孤独症*，幼儿园的老师也都说她就是有点活泼好动而已。"我撑了凌医生一句。凌医生尴尬地保持着礼貌的微笑。

无独有偶，怀疑树儿可能患上孤独症的医生不止凌医生一位。

自 2018 年的春季学期起至 2019 年春季学期止，除开寒暑假除外，我都坚持每周六带树儿参加一个理念引进自法国的名为"亲子开放空间"的公益儿童游戏治疗、心理咨询项目空间。心理咨询师 Lisa 是该项目的负责人，她是凌医生的同事，一位精神分析取向的心理治疗师，她硕士毕业于巴黎第七大学临床心理学，很擅长艺术治疗。Lisa 的右手佩戴了三枚造型夸张的戒指，个性十足。同时，她也是一位很有责任感的心理治疗师，心中好像住着一个小顽童，非常擅长跟孩子玩耍。

"我患病服药的事，是不是会对我的孩子造成很大的影响？"在亲子开放空间里，我问 Lisa。

---

* "孤独症"和"自闭症"是一种疾病的两种说法，均为专业医学术语，日常生活中常用"自闭症"。

孤独症"彩蛋"

"不必太过焦虑这一点。你生下了树儿,你就是她妈妈,就得把她抚养长大。有些孩子的妈妈四肢不全,有的妈妈耳聋眼盲,但孩子还是会认她们当妈妈。全力以赴当妈妈就行了。"

Lisa 教我怎么陪孩子玩,教我怎样从自己的世界里走出来,主动进入树儿的世界。"你是有共情能力的,但你把这种能力关上了,这么做可能是出于自我保护。虽然关上后你可能会感到安全,但这会让你自己封闭起来,失去与外界的联系。据我观察,树儿遇到新的小朋友时会抬手遮住眼睛,这个习惯性的动作其实是一种自我保护式的回避未知风险的表现。她已经四岁了,你得慢慢教她去面对陌生的人和事,不能一直这么逃避。树儿还不会跟小朋友玩,她拒绝别人参与她的游戏。在孩子的团体里,他们有自己的圈子和游戏规则,树儿明显无法适应。你需要尽可能多地陪她玩,慢慢引导她去交朋友。"Lisa 一边跟树儿玩小手躲猫猫,一边跟我聊,"回忆一下你童年是怎么玩的,然后把自己当小孩,跟树儿玩。"

我试着不再孤零零地盘坐,默默观察、留意树儿,而是像其他参与活动的妈妈一样，与树儿一起梳洋娃娃的辫子，戴上动物玩偶手套给她讲故事，逐渐克服自己不自觉地疏离树儿、逃避与树儿玩耍的毛病。

最后一次参加亲子开放空间活动，一向给人稳定、温柔印象的 Lisa 告诉我："树儿妈妈，我担心树儿有点孤独症趋势。这并不是说，她一定会得孤独症，但有这种趋势在。我观察了你和树儿的互动方式，比较明显的是，你和她都各玩各的，基本很少互动。树儿从不去找别的小朋友玩，她对游戏间里的玩具几乎没有一样是感兴趣的。"

"树儿很懂事的，她很小的时候就知道自娱自乐，如果我告诉她，妈妈太累了，需要休息，她就能安静地在我边上玩。"

"你想过没有，用'懂事'来形容树儿这个年龄段的孩子，并不是件好事。以她这个年纪的孩子来说，这种'独立'是不正常的，它不是真正的独立，而是孩子把感觉关上了，她感受不到与外界的联系。你之前跟我提到她在幼儿园被打，眼角边都被抓破了，但她记不住是谁打的她*。其实不是记不住人脸，而是她根本不在乎，所以被打了一点反应也没有，回家自然不会跟你提起这事。"

"也许我有点活在自己的世界里，她也活在自己的世界里，所以我们的交集很少。"

"那么，你应该试着从自己的世界里走出来一点，多跟孩子说说话，陪她一起玩。只要是一个会玩游戏的孩子，就不会有太大的问题。"Lisa 肯定地点了点头。

"孩子的成长耽误不起。幼儿园普遍一个班三十多个孩子，老师根本没精力去格外留意照顾树儿。上幼儿园不重要，报培训班也不重要，找到孤独症儿童训练机构，让树儿开始特训才是要紧的。"活动结束，Lisa 不放心，又强调和嘱咐了几句。

从此，我心里一直有一个疑问：树儿到底有没有患上儿童孤独症？她很容易活在自己的小世界里，她非常喜爱自由，受不了一丁点儿的束缚；精力异常充沛，片刻不得闲；满四周岁了，还分不清你我他……我暗暗希望她是一个活

---

* 树儿班上一共十一个孩子，其中六个女孩。老师明确告知我树儿是被一个女孩打的。

泼的普通小孩，毕竟患上孤独症可不是件开玩笑的事。患病孩子的家长要付出比普通家长更大的心力，才能帮助孩子接近正常水平。

后来，我回想起一些曾被我忽略的细节：去幼儿园接树儿放学时，老师经常反映她中午不睡觉；上课总往教室外面的区域活动角跑；基本不听讲；很爱玩水，把幼儿园马桶堵了；在家里，她总是从床底下搬出折叠长梯（她天生神力），然后架好梯子，攀爬，坐在顶端从高处往下看，反反复复一天起码爬梯子七八次；她还热爱一边自言自语一边转动手腕；玩玩具时从来不按说明书规定的方法玩；碰上觉得有趣的词或者发音，会一直哈哈大笑个不停……

2018年12月6日，我带树儿去一家精神病专科医院的儿童心理科看病。经过医生咨询和一小时的心理评估，在做了Conners父母用问卷、3—7岁儿童气质问卷、儿童孤独症评定量表、儿童孤独症家长评定量表、儿童行为量表、多动症诊断量表和学龄前儿童活动调查表后，李医生做出了初步诊断：树儿有儿童孤独症趋势，目前的状态介于正常和孤独症之间。由于孩子太小（四周岁零两个月），因此无法对孩子进行多动症评估。

上述测量报告，有两点结论值得注意。一是学龄前儿童活动调查表结果显示："所评估的该幼儿女性化程度不够，有明显男性化倾向的特征，她对自己的性别身份认识不足，将自己视为男性或有男性特征的人。建议在性别教育方面多加指导，避免男性化特征的进一步发展。"二是儿童孤独症家长评定量表结果显示："被评估的儿童存在可疑的孤独症表现。表现为与人交往困难，运用语言的能力差，日常生活中维持一成不变的行为活动，带领比较困难。"

"你在家要多有效陪伴孩子，跟孩子要有眼神交流，与她对视互动，别老让她自己玩。"李医生嘱咐道。

"幼儿园老师反映，我的孩子现在开始能跟小朋友一起玩一会儿了，我以为她肯跟同龄人玩，就没多大障碍了。"

"不是的。0—6岁是关键期，超过六岁，治疗起来就比较困难了。你的孩子需要你每天有质量的陪伴，每天起码两小时。记住，你是她的模板。有些孩子患孤独症是因为遗传因素，但也有孩子原本没有孤独症，出于家庭环境等原因，患上了类似孤独症的病。你们刚进诊室时，我以为她是男孩子。四岁的孩子应该有性别意识，能分得清自己是男孩或女孩了，需要加强这方面的训练。另外，你自己也得调整好，只有自己先好起来，才有能力照顾孩子。"李医生进一步解释道。

2019年12月16日，树儿在五岁零一个月大的时候，被确诊轻度孤独症。"六岁以内是治疗孤独症的黄金期。你的孩子已经偏大了，得尽早到专业机构做康复治疗，越早行为干预越好。"

根据公立医院的孤独症诊断观察量表（ADOS）评估报告结果，树儿的语言发育明显迟缓，缺乏社交互动能力，有着重复刻板行为，临床诊断为典型孤独症。报告结果显示，她 ADOS 得 19 分，韦氏 IQ63 分 *。医生根据一小时的观察互动，记录了如下的临床印象："手的特殊性习性动作明显，自我刺激明显，高度刻板的自言自语明显，显著缺乏社交抑制，我行我素明显，规则意识差，偶有不合情境

---

* 该分数属于轻度智力障碍，根据评估师的说法，能正常上小学的孩子平均智商在70左右。

的表达和陈述，难以调节行为以适应各种社交场合，构音稍异常，ASD 语调明显，认知功能损害，理解浅显，无抽象思维，语言有障碍，语言要引导……"

这位医生的评价较为严苛，我在聆听中一时无法接受——"你的孩子存在明显的孤独症症状，与人交往非常困难，几乎无法进行语言或非语言的沟通，交往中主动性差；运用语言的能力极差，不会提出话题或维持话题，非语言交流缺乏；维持刻板、固定的行为方式……这样的状态，是没办法上小学的。轻度智力障碍倒是问题不大，要想孩子有的救，就看你怎么做了。你不能让她闲着，一刻也不能让她闲着。绝对不能让她一个人看电视或玩游戏。"

牵着树儿从逼仄窒闷的评估室里出来，我几乎半跪着，感觉就像拿到了一张死刑判决书。我的孩子将来没办法上学，没办法交朋友，没办法工作，她是个傻子……我的脑子里塞满各种负面的想法。我抓紧树儿幼小的手，快速离开门诊过道，直奔家门。虽然已有一定的心理准备，但明确得知树儿得了孤独症后，我整个人就像闭着眼睛在泳池里游泳，前后左右被蹬腿蛙泳的人踹了好几脚似的，茫然地不知所措。从确诊那一刻起，树儿就不再是个普通的活泼好动的孩子了，她曾治愈我们的哈哈大笑，一下子变成了孤独症儿童的刻板行为。树儿成了孤独症谱系障碍儿童，我成了一位孤独症谱系障碍儿童的家长。

我的课题：『成为』自闭儿的家长

调整心态

我清楚地记得心理咨询师的那个疑问:"树儿确诊孤独症前和确诊孤独症后,她仍旧是同样的一个人,同样是你女儿,你对她的态度为什么会有这么大的改变?"

我的脑海里,时常不断闪回 ADOS 评估时的画面,虽然树儿还是那个可爱活泼的树儿,但在她被诊断为孤独症后,我对她的态度发生了翻天覆地的变化。我是她的母亲,但我无法控制自己的情感本能地喷涌而出——我对她的爱里混进了怜悯、嫌弃、鄙夷、内疚……

以确诊孤独症为分水岭,我养育树儿的心态有了改变,对于生命也有了不同的理解。不仅是我,树儿的爸爸以及其他亲人对待树儿的态度也发生了改变。亲戚们得知后,有人问我要不要再生一个——生一个"好的",才有希望。很惭愧,我也曾一度为自己无法拥有一个普通孩子,而是拥有了一个特殊障碍孩子而耿耿于怀。从确诊之日起，我花了近一年时间才从这种"残次品思维"中摆脱出来，意识到树儿本身的珍贵，才明白得了孤独症不等于患了精神癌症，才明白我的人生不会因为树儿患孤独症而黯淡无光，我照样可以过得明亮，而树儿亦如是。

确诊孤独症之前，我觉得树儿就像我小时候的翻版，说话迟，但再等等总能学会开口说话的。我小时候，两周岁才会喊爸爸妈妈，家里人一度以为我是哑巴，甚至带我去耳鼻喉科做了各项检查。尽管树儿快四周岁了，但还不会从 1 数到 100，我的小姨仍认为她将来会很聪明，理由是树儿爸和我是远距离结婚，出生地间隔远的两个人生的孩子会有基因优势。树儿爸对树儿也很宠爱，树儿每一次会翻身、会坐、会爬、会行走，他都欢欣不已。下了班，他也不怎么刷手机，就想着逗逗女儿。

树儿确诊孤独症之后，我突然意识到一个问题，她得了一种按目前的医学手段无法治愈的疾病，普通孩子抚养到大学毕业后就不用太操心了，而她需要我们操心的时间会更久。由于她有智力障碍，学业可能止步于初中毕业。

初中毕业后，我该如何陪伴她度过往后漫长的余生？我无法想象她有朝一日可以自食其力，比同龄人早起码七年去混社会。树儿的赛道天生就和普通孩子不同，而我必须被迫在这个特殊的赛道上陪跑。与此同时，我却有一点点庆幸，她可以不受学业内卷的辛苦，随着国家对残障人士就业的重视与扶持，相信将来她绝对不至于没学上后只能待在家里，任由社会功能退化。

树儿爸则一直未能从树儿患孤独症的打击中走出来，心情烦闷喝了酒，就会骂我，怪我怀孕期间喝咖啡喝酒乱来，才把孩子"生坏了"，怪我毁了树儿的一生——"你欠树儿的，一辈子都还不清。"

我查了不少资料，也问了医生，孤独症的病因至今没有确定的答案。但科学研究证明，父母一方或双方有家族精神障碍史、孤独症特质倾向的，孩子患孤独症的概率会显著提升。树儿患孤独症，树儿爸却认为是我怀孕期间不爱惜自己的身体，喝咖啡、喝酒导致的。从孤独症确诊以来，我们的每一次吵架，他都会翻旧账。尽管我和他说了无数次，孤独症的病因科学家还在探索中，并没有结论证明孤独症是父母一方或双方的基因导致的。有一次，我实在受不了，就跟他说不要再试图完全甩锅给我，即使是夫妻，有些话也不能乱说。那时他答应得好好的，尽量不说，但他很快就违约了。我多少有些难过，只能从心里筑起防护墙，抵御他的言语伤害。

我也必须承认，我母亲患有双相情感障碍，我也患有双相情感障碍，我的家族基因的确"不太好"。但后来我慢慢发现，树儿爸的家族基因可能也存在问题。大概三年前，距离我们结婚已经过去十二年，树儿爸有一次喝醉了，和我说了家族里的一个秘密：树儿爸的爷爷少年时是村里聪明的孩子，有一次爬树摔断了腿，家里穷，没钱治，拖久了，变成了瘸子。受伤的右腿肌肉容易萎缩，爷爷性格本来就很暴躁，特别爱和人起冲突，他的老婆孩子们、孙子辈、亲戚、徒弟（爷爷是村里唯一的石匠）都挨过他的打。我公公在家里排行老大，年轻时在厨房干活，爷爷突然没来由地抄起一根铁棍子就从背后朝公公后腰猛地一抽，公公当即倒地，疼到抽搐，由此落下了腰疼的毛病。树儿爸的爷爷七十多岁时患阿尔茨海默病，他的四个子女轮流照顾他。爷爷去世，树儿爸在外地工作，没赶回来参加葬礼。树儿爸的哥哥告诉他，爷爷死得很惨：他躺在老屋的炕上，炕上挖了个洞，任由屎尿流下来，身上盖了一床棉被。"给我口吃的吧，给我口吃的吧。"树儿爸绘声绘色地模仿爷爷临死前的哀求。爷爷的哀求声很是瘆人，村支书经过老屋门口都不敢往里走。树儿爸说起这段往事，哈哈大笑。这可能是底层成长起来的一些人特有的反应，事情越惨，只能笑得越大声。

听到这个故事，我在想，这多少有些不正常吧。树儿爸是一个非常务实的人，艰苦的生存环境让他从小就学会了节省，学会了扛事儿，靠自己活下去；但生活没有，也无法教会他悲悯。比如，他在很长一段时间里都坚持认为，精神障碍就是装疯卖傻、逃避现实、矫情，精神病人很可恶。我们结婚到现在，母亲六次住精神病院，在他看来都是装疯卖傻。我甚至怀疑，树儿爸有点偏执型人格障碍，只是他不信，更不肯承认。

对我和我妈是这样，但对待树儿，他总是抱有一丝愧疚。在树儿刚出生时，他就是一个称职的奶爸，给孩子换尿布、喂奶、洗澡、剪指甲、梳小辫，他样样都手熟。他和树儿之间有他们独有的沟通语言，两个人会玩在我看来挺无聊的游戏，并乐此不疲。树儿爸并没有对树儿的未来完全悲观，他认为只要长大了，脚踏实地活着，一份最简单的低薪工作总还是能找到的。现在他仍像树儿小时候那样陪她玩耍，陪她追动画片，不厌其烦地回答树儿机械、重复、刻板的有关剧情的提问。每回夫妻吵架几乎要到离婚那一步，他就会跟我保证，再难他也会带着树儿回四川，把她养大，给她缴足养老金，让她老有所依。

而曾对树儿颇为看好的小姨，在得知树儿患孤独症后，突然间在她眼里这个外甥孙女就不再是聪明的小可爱了，而成了一个残次品："你也别对你女儿太上心了，将来去读个聋哑学校，把她放学校寄宿就好了。她书读不起来的。"从确诊孤独症至今，五年了，小姨一家还是不时地旁敲侧击，尤其是在我母亲精神病发作住院的时候，他们劝我将树儿送回四川老家，每个月往老家寄几百元生活费完事。在我明确告知他们树儿奶奶重度帕金森瘫痪在床，爷爷得照顾奶奶后，他们提出，可以将树儿送往川藏的佛寺，让

　　　　　　　　我的课题："成为"自闭儿的家长

寺庙收养她。

"你怎么还这么舍不得你女儿，她是个累赘，带着她，你们只能一起死。"

一开始听到小姨一家的劝告时，我有些震惊，觉得他们的提议匪夷所思。后来，我理解到他们同样有育儿焦虑，他们的女儿考上了"211"。我表妹对我说："我从小到大就被逼着好好学习，我爸天天跟我说，等我毕业了会把我弄进国企电厂，我要是不好好读书，我怕爸爸会自杀。"

"普通孩子都是人精，你让树儿怎么混？一把年纪了，还攥着残疾女儿不松手，你到底在固执什么？"小姨费解地看着我，抱怨道。然而，那时我已经逐渐想通了，生命的价值不是简单地靠有用和无用区分的。生命本身有它自发的向上生长的力量。树儿有她自己成长的步调，不可能完全按照我的意愿去成长。她不是一盆盆栽，任人修剪，她是野生植物，我无法阻止她经历阳光雨雪风霜的洗礼，我能做的就是陪伴，尽可能在保证自身情绪稳定的前提下，教会她一些基本的生活常识技能和学业知识。我不再与小姨一家争执，和对生命缺乏尊重与谦卑的人争论，毫无意义。

另一方面，作为孤独症儿童的家长，头胎确诊孤独症后，就会有人问我们："你们再生一个吗？不生不就没希望了？"我后来认识了一对孤独症孩子的父母，孩子母亲对我们说："我本来是不想生二胎的，怕再生出一个孤独症，更何况年纪又大了。但他坚持要生，最后我拗不过他，赌一把生了。我到现在都佩服他的勇气。"这在孤独症家庭中是很常见，也很合情合理的决策。同时，当年在孤独症家长群里，基因检测也很流行，一些家境不错的父母会选择去大城市花上十几万做基因检测，预判生二胎是否会患孤独症。实践证明，基因检测的准确率并没有那么高。

在这一点上，一直吵架的我和树儿爸非常果断地达成一致，不生二胎。因为我们都觉得这对二胎不公平——凭什么要求弟弟／妹妹一出生就背负起照顾孤独症姐姐的负担？

理清了这些，再去想树儿——树儿被贴孤独症标签前的日子，对我来讲久远得像上辈子的事了。我的脑子里像

我的课题："成为"自闭儿的家长

被嵌入了一块钢板，把过去养育树儿的记忆活生生地割裂了。此前，从树儿出生开始，我就成了朋友圈的晒娃狂魔。那时候我一边经历产后抑郁，对抗随之而来的咖啡成瘾，一边全职带娃，几乎每天都发朋友圈。我给皮肤黝黑、敦实、时不时哈哈大笑的树儿起过很多绰号：土肥圆子、老坛酸菜妹、白云（春晚小品宋丹丹演的白云）……

慢慢地，我找到了晒娃的节奏，有时候晒一幅九宫格，有时候单独晒一张照片。朋友说，看我的朋友圈，生活气十足，日子过得有滋味。其实炫朋友圈，也是在不停地自我暗示：你是树儿妈妈，你要全力以赴。朋友圈掩藏了我当时的慌乱、无聊、辛苦，选择性地呈现了带娃的温馨、逗趣时刻。

但我确实是获得过快乐的。理想中全职妈妈的日子应该是像熬煮豌豆泥，剥开豆荚，一粒粒滚圆的豌豆掉落下来，清水煮豌豆，不加盐，碾磨成泥，口感绵密清甜。树儿会坐、会爬、会站、会走、会开口叫妈妈……我见证了她人生中的无数个第一次，这感觉就像是在鸡窝里掏新鲜鸡蛋，充满新奇。

调整心态

暌违数年，我鼓起勇气翻开尘封已久的朋友圈，回过头看看树儿从小到大一路走来的样子：

　　2015年1月16日

　　树儿实验日志：大约两周前，发现挠树儿的脚心她会有反应，缩腿，脚底板合拢。

　　2015年1月29日

　　树儿每天由爸爸开车接送，篮里来篮里去（因为爸妈都上班，没人照顾，放在篮子里送到亲戚家拜托亲戚照顾），早出晚归。早上出门前，我都会叮嘱她：好好睡，好好吃，好好拉。但她基本做不到以上任何一点。

　　2015年3月18日

　　做直肠肛门测压前，树儿被镇静灌肠。灌肠后大约两分钟，她睡着了。当她躺到检验台上，肛门内插入气管的一瞬，她醒了，并剧烈蹬腿。"她怎么打了镇静还醒了？"医生有点惊讶。医生想强压住树儿，继续检测，结果被树儿踹得倒退了几步。

"医生，小孩子剪刀腿，您别介意。"

"好有力气，长大了送去学武术吧。"

2015年3月22日

公主风的波点蝴蝶结发带，被树儿戴出了日本相扑手的味道。

2015年4月12日

从树儿身上学到的：1.人最爱的是自己。（树儿每次坐车，对窗外都无感，她一直抬头，等着我把化妆镜翻下来。一路上她会不停地对着镜里的自己陶醉地笑。如果我也出现在镜中，她就会突然绷起脸。）2.索取是人的天性，放手是后天学会的，放下不是人人都能做到的。（树儿一直抓能抓到的一切，尿布、头发、衣服、臭袜子、玩具等，抓着不松开。如果碰上喜欢的，得大人用手掰开她的手指，她才会放手。）

2015 年 4 月 30 日

树儿的人生观：奶瓶是用来塞着玩的，尿布是用来舔着吃的，世上最美味的是纸巾。

树儿的世界观：路上的风景都是浮云，车里化妆镜上的自己才是有意思的。家里是用来欢脱撒野的，外面是用来闭眼逃避的。人分两类：愿意让抱的和一被抱就哭的。

2015 年 5 月 3 日

平时喂奶瓶时，树儿经常会叼着奶嘴吐进吐出，还用手指拨动。我认为那是她不饿的表现，果断停止喂。今天相同的情况再次发生。我试着不拔掉奶嘴，任由她玩。结果她边玩边吸完了原定的 120 毫升的量。或许她这不是玩，而是一直在尝试自己对准奶嘴的位置，独立吸奶。但她还不会说话，无法表达。因此，有可能在这点上我误会了树儿，并且 N 次令她错过了饭点。积极点看，这间接锻炼了她的扛饿能力。

2015年6月16日

昨晚，树儿躺床上，懒惰的她一反常态，不断爬向边角床头柜那边。树儿爸一次次把她拖回来，她一次次往那个方向拱。据我与树儿爸猜想，树儿可能纸瘾犯了(床头柜上放了几本书)。于是我们朝树儿扔书，但树儿不为所动。最终谜底揭晓，树儿想爬过去抓奶瓶。我们忘了喂奶。

2015年7月6日

为了一个毛球，树儿站起来了，进化成直立行走的人了。

2015年9月7日

树儿跟谁在一起就像谁。迄今为止，她像过张飞、钟馗、范伟、郝劭文。

2015年9月13日

树儿打人打上瘾了，一说她不好，马上抓脸扇巴掌。除了揍她一顿、讲道理、送少林寺之外，万能的朋友圈，请给支招。

2015 年 11 月 18 日

树儿会走了。进化到直立行走这一步了。事情的起因是这样的，某日，她站在茶几边忘了扶台面，站着没倒，等她反应过来，已经七八秒过去了……接下来她的反应越来越慢，摔着摔着，就会走三四步了。

2016 年 4 月 8 日

公元二〇一六年四月七日夜，子时，树儿爸剪掉了入睡的树儿鬓角的两撮卷毛。至此，树儿告别了持续一年五个月零二十天的凌乱发型。

2016 年 4 月 25 日

冬天打死都不愿戴毛线帽子。夏天了，天天使唤老娘给你戴帽子。打娘胎里就是个反动分子。室内接近 30 度，非要找到这顶帽子戴起来。这孩子，属于上幼儿园被劝退型。

2016 年 7 月 2 日

最近树儿每天都缠着我给她讲故事。她听故事的模式是这样的：同一个故事，从头到尾连续听五遍以上，不带停顿。在我讲的过程中，她在转圈，下蹲起立，找个角落藏起来……总之没有一刻是在安静地听的。如果我暂停了，她就跑过来嚷嚷示意我继续读下去。于是我经常读到一半就把书藏起来。树儿找一会儿找不到也只好作罢。

2016 年 9 月 19 日

树儿和俏俏一起去捏泥巴，画风截然相反。俏俏实实在在地捏了会儿泥巴，树儿对泥巴丝毫不感兴趣，但玩水玩得很专注。陶艺师在讲解过程中高度警惕不断破坏拉坯机的树儿。

调整心态

2016 年 11 月 5 日

每天要照镜子几次，翻自己的照片几次，看自己的视频几次。重复了 N 次后，有一天她指着自己说：我。

2017 年 3 月 15 日

三个雕塑，树儿感兴趣的点都是它们的屁股。今天她摸了照片中趴着的那个，打绷带的战斗英雄以及小王子的屁股。

2017 年 3 月 19 日

不知道是哪些熊孩子抓了蝌蚪放石头上晒干。树儿总算完成了人生中的第一件好人好事：放生蝌蚪。

2017 年 4 月 14 日

在玩了数十次跷跷板以后，树儿开口说了第一个她能连起来说的三个字的词：跷～跷～板。除了这个，三个字连一起的，她只会说：买买买。

2017 年 4 月 24 日

树儿会说的第一个成语：马马虎虎。没人教，听树儿爸教训得多了自学成才。会说的第一个词语：牛奶。也是没人教，出于饿了找奶吃的本能喊出来的。这娃学习费老鼻子劲了。

2017 年 5 月 8 日

经常和她玩这种一问一答三连问。套路是"要××还是要帅哥"，连续问两种东西后，最后一句"要钱还是要帅哥？"她一定会回答："钱好。"调换问句次序还是回答钱好，没有一次被带沟里的。

2017 年 5 月 15 日

最喜欢什么课？摇摇车。回答错误，你再想想。下课。

2017 年 6 月 12 日

穿得特别姑娘去理发，旁边等候的妈妈聊起来说，你儿子理这发型好帅。嗯,话题终结者。

2017 年 10 月 18 日

三周岁,19.5公斤,99厘米,牙长全了。自我介绍会说:陈释然,三岁。接下来努力教会她把话连起来说。

2017 年 11 月 14 日

在无数次倒着踩自行车原地不动后,昨天突然顿悟了,往前踩了踏板。树儿永远是自学成才的,教不会,因为她模仿有障碍。

2017 年 11 月 24 日

树儿的反射弧长的例子除了打完针才哭外,新增一例:幼儿园上了四个半天后,第五个半天才慢慢出现入园分离焦虑。曾在朋友圈夸她上幼儿园无缝对接,现在打脸了,她不是无缝对接,而是当时还没反应过来。等她反应过来,半个月过去了。

2018 年 1 月 11 日

今早睡懒觉起来刷牙刷到一半，树儿突然严肃地跟我说：妈妈不生病。我重复了她的话，她放心了才继续刷牙。接下来，是不是该问妈妈会不会死？

2018 年 2 月 11 日

树儿最近的口头禅："大雄是男孩子，静香是女孩子，树儿是号妹（发音口误，实为胖妹，老欺负大雄的胖虎的妹妹）。"同一部《机器猫》电影反复看，不知得看多久才会腻。鉴于《天线宝宝》她已经看了快三年还没腻，所以这次不好判断。

2018 年 4 月 11 日

"我不去幼儿园。""那你想干吗？""去别的地方。""好。那我们去卫生院打针。打针和上学你选一个。"树儿陷入了选择纠结，然后一路磨蹭去公交站。

2018 年 6 月 17 日

幼儿园老师给孩子爸爸们准备的小惊喜。让每个孩子对着镜头说一句"爸爸我爱你"。镜头拍到树儿时，她说了句"嗷——呜"。

2018 年 7 月 4 日

吃面的吃相就像很久之前春晚上陈佩斯的小品《吃面条》。

2018 年 7 月 7 日

用马克笔涂的圈圈是树儿画的。问她画的是什么？她答：我画了一个宇宙。

2018 年 7 月 9 日

脸盲的最高境界可能是认不出自己的脸。问树儿，照片里的小朋友是谁？树儿认不出来，反问我这个小男孩是谁？

2018 年 8 月 6 日

趁还没变成无聊的大人，抓紧时间乱涂乱画，树儿。

2018 年 11 月 12 日

幼儿园的作业：说出自己的名字和家里电话。树儿表示压力山大。

2019 年 1 月 2 日

陪树儿画画的难点在于，无论她画了什么，哪怕就一滴，她也会问"这是什么？"一直问到你给出确定的答案为止。所以没点想象力还真不敢坐她身边。

2019 年 1 月 25 日

"陈释然宝贝：你是一位很有活力的女孩，你在上课时一直跳来跳去，总不会累。你不挑食，总是把饭吃完了还要还要……希望你越来越优秀。"学期结束的评语。看一次，笑一次。

2019 年 2 月 21 日

老师问树儿,新年想要什么。树儿说,要有许多树。

2019 年 3 月 28 日

居然会讲故事了,对于一个接近三岁才能说出一句完整句子的小孩来说,进步很大。

2019 年 7 月 20 日

教了半小时,勉强学会从 1 数到 3。其间,树儿屡屡痛哭流涕。我这算是给她造成了学习数学的心理阴影吗?

2019 年 10 月 6 日

连续几天教树儿写 8,没学会,仍旧是鬼画符。细想一下,要会写 8,首先得会握笔,然后能画圈,还得画上下方向两个粘在一起的圆圈,这样才算写好了 8。学习就是从无序到有序的转变。

2019 年 11 月 6 日

送去上幼儿园的路上，每天都嘱咐树儿：不要尿床，不要弄丢袜子，要和小朋友玩，要记住小朋友的名字。收效甚微。

2019 年 12 月 31 日

哟西，抽象画。朋友一：树儿在表达情绪。朋友二：我在画里看到了一个人。我则看到了一副鱼骨架。

…………

我一边看，一边不断去思考心理医生提出的问题。我曾一度自怨自艾，觉得自己基因不好，才导致树儿患上了孤独症，明面上还和树儿爸互相"甩锅"。我为了杜绝"疯血"代代传的悲剧，曾人工终止妊娠三次，最后克服各种心理和生理的障碍，多重考虑之下，生下了树儿。没想到，命运跟我开了这样的玩笑。苦难本身会在日常生活的交谈中不经意间流露出来，令人猝不及防。我周围的苦难已太多，负面消息总是如洪水般袭来，包括我自己的。我看见了别人的痛苦，这些痛苦都离我不远，而我自己也经历着类似的痛苦。

然而，痛苦之下，我也得出了清晰的结论：虽然树儿得了孤独症，是来自星星的孩子，虽然我经历了情绪的剧变，有许许多多负面的东西涌入，但我一直爱她，这点毫无疑问。

我放弃了追求"正常"的执念，慢慢接受树儿患孤独症这一生活中的非正常因素。抛弃对孤独症的偏见后，我的生活也趋于平和了。我不再带着自责去幻想：要是不是她，或者她是个普通的小姑娘该多好。我内心那些复杂纠结的情感渐渐消退了，被贴上孤独症标签之前和之后，她始终如一是我亲爱的女儿。

我朋友中的大部分人都很喜欢树儿。他们觉得树儿的笑容挺治愈的，像一个永远长不大的小孩子。她小时候，我经常带她逛朋友大番茄开的咖啡馆，那时候她挺多动的，片刻不得消停，我甚至没办法静下来喝一杯拿铁。还有一些朋友，喜欢把自己没怎么穿过的衣服收拾出来送给树儿。

树儿在七岁前，穿过不少阿姨们爱心捐赠的衣服。现在她的身高接近 150 厘米，体重 50 公斤，偏肥胖，再也穿不下苗条阿姨们的好看的衣服了。

"要是没有你这几年的全职带娃，树儿不会像现在这样好。"大番茄对我说。树儿身上的纯真，也许是许多成年人在成长过程中主动或被动抛弃的品质。作为她的妈妈，我既不希望她永远长不大，发展停滞，也不希望她丧失天真、活泼、纯真的一面。我期待她长大后的样子，树儿的美术老师 AMOS 和我说："你就像个艺术家，树儿就是你终身创作的艺术作品。"

咖啡馆的朋友还拍了许多树儿的照片。其中一张，树儿兴致勃勃地看着我，想贴近我，而我则若有所思地在记录文字。我和树儿之间一直存在如照片里描述的若即若离的状态。学龄前的树儿基本说不出一句完整的话，在她面前，我写作、喝咖啡、放肆地哭，也跟她说我的焦虑。而她，看着痛哭流涕的我，没有言语，毫无反应。这些，我自然都没有记录在朋友圈里。2021 年，树儿参与康复一年后，有一天我正在哭泣，树儿盯着我的眼睛看了很久，突然说：

"妈妈不哭,哭不好。"那是她出生七年来,第一次和我有了明确的情感互动。我和她说,妈妈可以哭,树儿也可以哭,哭不是坏事,想哭就尽情哭出来。从那时起,我再也没有把我的女儿当成"树洞"。

我下了决心,从今往后,除了关注我自己的双相情感障碍,还要了解更多有关儿童孤独症的知识。我给不了树儿一个物质丰富的童年,但努力一把,还是能给她一个不孤单的、精神充裕的童年的。

在同星园抱团取暖

树儿刚确诊孤独症时，我手足无措，不知道该送她去哪里救治。差不多有半个月的时间，我每天都在朋友圈发一些孤独症书籍的读书笔记："由于孩子有一些刻板行为如寻求某种刺激或一定要遵守何种规律性的惯性，能力很难随着大量重复的练习而变好，而需要大量且丰富的刺激来提升孩子对环境预测的能力和技能泛化的能力。""孤独症是属于先天神经系统障碍所致，而孩子有孤独症的状况，绝对不是只需要关注孩子会不会说话的问题而已，连着关注外界难点进行调整，孩子的能力才会有所进展。"*……

---

* 这些读书笔记主要来源于我关注的公众号ALSOLIFE、孤独症圈"大咖"、北大六院郭延庆医生的孤独症康复讲座、知乎"盐选专栏阅读"、台湾康复师阿特写的《总得有人去擦亮星星：孤独症儿童康复手记》等。

这些笔记引起了一位老同学的注意，我和他自大学毕业后就没联系过了。当时，他把他知道的温州有关孤独症康复的所有资源倾囊相授：从温州有哪些医院设置了孤独症门诊（通常在这些医院里被称为儿童康复科、儿童发育科），比较权威的孤独症门诊医生有哪些；到全国最权威的孤独症门诊治疗医院有哪几所，知名医生专家有哪几位；再到温州本地的自闭症公益团体有哪些，残联定点孤独症康复机构有哪些，等等。原来，他有一个在残联工作的公务员朋友。

"你别怕，树儿也不一定就是孤独症，可能只是发育迟缓。发育迟缓好治些。就算是孤独症，抓紧时间治疗，康复效果也不错的。"他一边安慰我，一边向我推荐了鹿城区心智障碍家庭互助组织——同星园，并且告诉我同星园的发起人之一是区残联主任，她的儿子也是自闭儿。

我很快就加入了同星园，第一次参加它组织的线下读书活动，十几个家长围坐着，交流阅读体验。轮到我，我自我介绍："我是树儿妈妈，我的女儿确诊自闭症还没多久……"话说到一半，我就哽咽了："我不知道为什么是我摊上这种事。"

在座的都是老家长，鸦雀无声，一位爸爸笑了笑，安慰我慢慢会习惯的，另一位妈妈跟着我抽泣了起来，还有一位爸爸说："现在还不是最糟糕的时候，咱们的孩子越大，跟普通孩子差距越大……"

如今早就成为老家长的我，已经没那么玻璃心了，甚至还会开些地狱笑话，比如"按股票来比喻，自闭儿属于出生就跌破发行价"——同很多自闭儿家长一样，哭着哭着就笑了，苦着苦着就乐了。现在我理解了，为什么当时在座的更多老家长是无动于衷地看着我哭泣，不是因为他们冷漠，而是因为他们已经算是走出了人生的至暗时刻，无法或者不愿再回想孩子刚确诊的时候。和其他家长交往多了，我逐渐认识到，每个孤独症家长从孩子患孤独症的阴影里走出来的时间不一样，曾有一位家长和我说，她花了十年时间才接受了这件事。她反问我，为什么我只花了一年时间就能释然。我告诉她，因为我的家族有精神病基因，我的内心深处可能早就做好了生出一个"不正常孩子"的准备。

加入同星园后，我积极鼓励树儿爸也参加，但他坚决不肯。他觉得天下没有免费的午餐，不可能有纯公益。他还觉得同星园就是以公益为噱头，想骗家长买课，让孩子报班。我说："同星园里有其他和我们有相同遭遇的家长，大家聊聊天，能解压。"但树儿爸还是不肯参加任何孤独症团体的活动，他不愿意去了解孤独症群体，而是选择单打独斗。同星园提供孩子赋能培训，家长喘息服务（其间会有志愿者陪伴孩子），暑期还会在公办学校举办幼小衔接适应训练营。这些我都去了，但树儿爸一概不理会。某种意义上，我和树儿爸其实代表了孤独症孩子家长的两派，而我们在之后养育树儿的过程中也不得不彼此沟通、磨合、让步，甚至互相学习。

树儿在同星园参加过许多活动：踢足球、打篮球、拍非洲鼓、做蛋糕、端午节编粽子袋、参观瑞安陶山活字印刷术、参观消防局、去永嘉体验蜡染、超市自主购物体验。除了在兴趣培训时同星园会收取明显低于市场价的费用，其他活动都是免费的。在同星园，孩子们之间的互动其实很少，因为他们缺乏与同龄人互动的能力，像一颗颗孤立的小星星。他们更多依赖着大学生志愿者的辅助，因为大哥哥大姐姐对他们温柔耐心，而同龄人的相处，则是平等往来的同时，又充满竞争和对立——没有谁会无条件地包容另一方。树儿也很依赖这些哥哥姐姐，熟识的男大学生志愿者来我家拍摄，树儿开心地对着镜子化妆，还朝眼角撒了许多闪粉。

从某种意义上来讲，同星园这样的组织，更像是孤独症家长的社交场所，是家长们的喘息之地，也是家长们抱团取暖的地方。它让家长们得以聚集起来，为孩子将来生活自理、就业等问题而集体发声，争取更大的权益，甚至"做大做强"，以吸引更多的基金会投资，获得配捐。在这里，我认识了几位妈妈友，虽然我们平时不常见面，但天天在群里聊得热火朝天，为彼此提供情绪价值。毕竟，我们都知道彼此家庭的不易。

偶尔的线下见面，家长们（大多数是妈妈）都拾掇得很精神。我们一起参加芳香疗法放松、正念冥想以及茶话会，有时也会去听同星园邀请的业内专家的居家康复实操讲座和入户生活指导活动。同星园在不断壮大，每年腾讯九九公益日，大家还会帮忙积极筹款，以获得腾讯基金的配捐。另外，我们还获得了晓更基金会的支持，与许多企业达成了合作项目。在同星园里抱团取暖的同时，我也会尽己所能去帮助一些新家长。通过助人，我自己压抑已久的负面情绪得到宣泄，甚至还吸到一批新手妈妈粉。新家长通过我报喜不报忧的朋友圈认识我，觉得我积极、阳光、向上。有时候，我也会为她们做些简单的孤独症康复上学政策答疑。有时候来自新家长的仰慕，会让我找回一点丢失已久的自信。

　　这些妈妈以个人经验不断地给我上着课。她们有的还坚持陪读，辅导孩子学业，分享 ALSOLIFE、大米和小米等专业康复资源。她们是我的榜样，她们在负重前行时没有倒下。一位唐氏综合征孩子的妈妈，在我眼里是十足的"虎妈"，可谓"战功彪炳"。在她的"调教"下，她的女儿不用陪读，独立上了小学和初中，还能每天安排好自己的作息时间，独立上下学，自觉完成各科作业。她提醒我，守规则、独立自主能力的训练必须从小抓起，等孩子年龄大了，我们是没有精力搬把椅子坐在孩子后面盯作业的。

"反向"的课也不少。有个妈妈友的孩子上初二，有年夏天，树儿和她儿子一起参加了温州医科大学星海公益团队的"孤独症儿童夏令营"。有一天她提出，能否让我陪她儿子坐一次公交车，那是她儿子第一次独立坐公交车。我答应了，上车后我们坐在车厢最后排，前排过道上有一堆烂泥，男孩不停地问："阿姨，那是什么？阿姨，你什么时候给我看你的手机？"四十分钟车程，不时有前排的乘客偷偷往后瞧，还有一个离开座位往前坐了。下了公交，我带他去便利店买点吃的。没想到他见到糖果就抢，手里抓起一大把，甚至撕开包装就往嘴里塞，我一下子受到万众瞩目，仿佛一个热门赛事的篮球防守队员——我得马上阻止他毁坏更多的零食。

　　便利店店员哪见过这种阵仗，愣在那里，不知道如何是好，还得随时接住我向她抛过去的零食，我竭尽全力把损失降到最低。最后，我给他买了一包口香糖和一瓶饮料，他没有力气拧开瓶盖，我帮他拧开了。男孩喝了一口，说："不是茉莉绿茶口味的，我不要喝。"然后把饮料扔到了一边。许多孤独症的孩子很挑食，只吃固定少数种类的食物。

一番折腾后，他妈妈总算赶到了。这段小插曲让我意识到，树儿不能停止康复，为了让她十几岁时言谈举止更"社会化"，她需要学习的地方还有很多。我在同星园见过许多中学阶段甚至二十几岁的孤独症患者，他们大多数很安静，他们的妈妈对待他们就像对待几岁的孩童。少数大龄孤独症孩子经过特校的十二年义务教育，仍旧会在公众场所控制不住地大喊大叫。我希望树儿能成为一个有自我主见、不会永远被动等待、有一定的独立能力、可以面对自己负面情绪的自闭儿。

　　加入同星园近五年来，当初的那批孩子中，不少人已经从特校高中部毕业了，现在每天去残疾人之家打发时间，能力好些的会做点简单的计件工作，每个月赚千把块钱。还有少部分孩子去了"壹星酿"就业。壹星酿是温州首家为孤独症青年提供无障碍就业支持的面包烘焙店，被纳入了鹿城区慈善综合体项目，有了政府的资金扶持和优惠减免政策的支持，现在已从一家开至八家，解决了几十个孤独症大龄青年的就业问题。壹星酿的老板胡温中是双胞胎孤独症儿子的父亲。它的蓬勃发展于我而言是一种希望。

休学康复

2019年12月23日，树儿开始接受一家孤独症康复机构的康复治疗，康复领域涵盖社交、认知、音乐、感统（感觉统合）、精细和个训六个方面。考虑到融合教育的需要，树儿半天在孤独症康复机构接受治疗，半天在幼儿园上学。第一次接触其他特殊儿童，我的内心也是惶恐不安的：自闭儿小宝，听觉过于敏锐，成天到晚捂着耳朵，受不了哭声；唐氏综合征儿童落落，高度近视，牙齿烂黑，八周岁了还只能说简单的词语，腿脚下盘无力；小航喜欢尖叫，伤心难受了就用头撞墙……我的心情极其复杂，我很难将树儿与这些孩子联系起来，也很难承认树儿也是他们中的一员。

然而慢慢地，相处久了，我发现了孩子们的优点。比如，小宝乐感很强，落落喜欢交朋友，小航很爱收拾东西。孩子们在以自己的步调一点点地进步。孤独症圈子里流行一句话：家长走出来，孩子有未来。在康复机构，我认识了几位已经"走出来"的家长。比如身为残联工作人员的小宝妈，她积极为大家提供有关孤独症康复的政策服务；风里来雨里去已经坚持了五年全天治疗的落落奶奶，总是笑嘻嘻的，把孙女的一丁点儿进步都看在眼里；每天热衷于学习赋能、听讲座上网课，并在群里免费共享孤独症儿童学习资料的彦皓妈妈……与她们相比，我显得很消极。我那时状态特别不好，每天接送树儿治疗，然后上午、下午各自等待两小时。漫长的等待熬干了我的精力，度日如年的感觉麻痹了我的神经，我甚至连陪树儿玩的动力都没有了。而我的双相情感障碍也发作了，我进入了抑郁期。有一次听有关自闭儿幼小衔接的公益讲座时，我听到一半就中途退场，回家躺床上冒了两天冷汗。我为了树儿上小学的事情，提前一年开始了焦虑。

大约是树儿刚开始康复时，我带她去一所精神病专科医院的孤独症康复中心做过一项 VB-MAPP* 评估。这项评

---

* VB-MAPP（Verbal Behavior Milestones Assessment and Placement Program），是对自闭症儿童、语言发育落后儿童的一个有标准参照的语言和学业能力评估系统、课程指导和技能追踪系统。

估在美国被广泛应用于测评0—4周岁的孤独症谱系儿童和语言发育迟缓儿童。树儿被安排在一间摆满玩具的温馨小屋内，由一位评估师负责与她互动，并记录数据，分析数据结果，形成评估报告。评估师采用 ABA 应用行为分析和语言行为分析的方法，评估期间不断给予零食等强化物。经过两天的评估（树儿注意力很难集中，专注度差，因此评估花了两天时间），评估师 Wing 告诉我，树儿目前的语言行为能力还不到正常孩子两周岁半的水平。

"孤独症谱系的孩子，能力是慢慢发展出来的，他们自身有一定的学习能力。你别着急。"虽然树儿的智力有缺陷，但不属于阿斯伯格症儿童，Wing 很乐观，坚信树儿是个高功能孤独症孩子。

在孤独症康复机构待了近半年后（中途因新冠疫情影响，线下断课两个月，改上网课），树儿终于能开口说出简单的完整的句子，会回答除了"为什么"以外的诸如"怎么了""是什么"之类的简单问句，懂得与人打招呼，变得有礼貌，还有了静坐、等待等初步纪律意识。但由于先天性认知功能损伤，她的认知理解功能提升仍旧很慢。考虑到树儿的进步速度没有达到预期值，我将她转去了年初接受 VB-MAPP 评估的精神病专科医院下属的康复中心。树儿有幸成了康复治疗师 Wing 的学生。

据 Wing 介绍，国内现在开始大量引进美国现有实证支持的干预技术，孤独症谱系障碍孩子的康复希望越来越大。Wing 所在的医院正在着手引进翻译一套依据关系框架理论和语言行为原理，适合 2—18 岁孤独症谱系障碍儿童评估的系统：PEAK*。我做好了陪伴树儿长期进行干预康复治疗的心理准备，与孤独症的抗争是终身的，至少在当前的医疗条件下是如此。

不久，树儿又接受了 ABLLS** 评估。这套评估体系适

---

* PEAK (Promoting the Emergence of Advanced Knowledge) 关系训练系统，是全球首个同时整合了斯金纳（B.F. Skinner）的《言语行为》和后斯金纳主义的"关系框架理论"（Relational Frame Theory, RFT），促进孤独症患者的语言、学习、社交等核心技能发展的语言行为评估训练系统。

** ABLLS (Assessment of Basic Language and Learning Skills)，是一套用于评估语言发育迟缓儿童的工具，由 James W. Partington 和 Mark L. Sundberg 在 1998 年开发。该工具主要用于评估儿童的基本语言和学习技能，适用于发育水平在 6 岁以内的孤独症、语言障碍或发育迟缓的儿童。

合 0—6 周岁的孤独症或发育迟缓儿童，包括 VB-MAPP
的基础学习技能、认知学业、自理能力、动作技能四个模
块的评估，涉及 25 个技能领域，544 个技能项目，可以和
VB-MAPP 的障碍评估和转衔评估配合使用。等到全部评
估项目完成，Wing 会给出转衔安置建议，即是否应该让
树儿缓学一年——许多到了学龄的孤独症儿童的家长会选
择此时让孩子缓学一至两年，以帮助孩子夯实基础。

从 2019 年 12 月确诊孤独症至 2022 年 8 月底，近三
年时间，树儿坚持每天都去康复。刚开始是半天幼儿园，
半天机构。康复一直比较顺利地进行着，但幼儿园那头，
慢慢出现了状况。

2020 年 10 月，幼儿园大班，树儿首次出现了明显的
厌学情绪，该来的还是来了，我想。

当时，主班的缪老师被调到了别的园区。她自中班开
始带树儿，很喜欢她，总能看到树儿的进步，比如她会积
极地引导其他小朋友和树儿一起在游乐角玩。游乐角是教
室里单独开辟出来的一个区域，树儿通常都是一个人躲在
那里自顾自玩。假如有其他小朋友比她先进入游乐角，她

就会望而却步，不敢加入。后来她能允许除了自己，还有其他小朋友同时在游乐角玩，这就是进步。为此，我非常感激缪老师。

然而，新的配班老师对孤独症缺乏了解，比较严厉，总是发微信和我说树儿又闯祸捣乱了。有一次，她在晚上九点还发语音给我："树儿妈妈，我真的受不了树儿啦！"

这位老师晚上发语音给我，是因为树儿在幼儿园的点心时间总是把杯子藏起来，给保育员收拾教室增加了难度。她曾让我咨询树儿的康复师这个问题该怎么解决。Wing要求老师拍摄教室实景图片，以便她制作一些视觉提示卡片，在康复课上和树儿模仿演练，告诉树儿点心时间应该遵守哪些规则。我把 Wing 的解决方案转达给老师，谁知她一句"我很忙的，没时间配合"就把我打发了。

后来，通过在康复课上的沟通，我了解到树儿是因为不喜欢喝点心时间分发的梨子汁，又不敢倒掉，所以才偷偷把杯子藏起来。刚开始听老师抱怨的时候，我总是忙不迭地道歉。但后来，我认为这是老师给树儿贴了标签，甚至有些错误可能不是树儿犯的，也甩锅给了她。当时树儿的表达能力很差，根本无法为自己辩解。但在这一点上，我也不想完全归咎于新老师，除非老师本人抱有极大的学习热情和充沛的同理心，否则未接受过专业训练的普通老师和特教老师之间的区别还是很大的。像缪老师那样的，反而才是特例吧。

还有一件事坚定了我让树儿退学的决心。2020年9月的一天，当时还处于疫情时期，家长接送不能进教室。但由于树儿是个特殊儿童，幼儿园破例允许我进园。我把树儿送进教室出来后，发现自己的包落在了教室里，于是折返回去。我找了一圈，发现她已经不在教室里了，便问老师："树儿去哪儿了？"

老师回答："没事的，她经常到处乱跑。"

我坐在教室等了大约五分钟，还不见她人影。当时教室里有两位老师。我实在坐不住了，主动求助："老师，你能和我分头去找找她吗？"

"你没看到吗？这么多孩子，我们就两人，没空去找。"

于是，我独自一人一间间教室、一层层楼去找。越走越慌，我怕她离开幼儿园了，又回过头去跟保安反复确认树儿是否还在园内。十几分钟后，我终于在天台找到了树儿，她一个人正在天台滑滑梯。

"树儿，你给我滚下来！"我没忍住，吼了她一句，她吓得一屁股坐到地上。然后，我拽着树儿，把她拉回了教室。一路上，我没有说一句话。

我又愤怒又害怕。假如天台的门被人锁上了，她就得一个人在天台待上一整天，想想都不寒而栗。我对她上幼儿园的期待并不高，能够开心、安全地上学就可以了。但现在，竟然是连安全都无法保障。这触犯到了我的底线，我开始变得对幼儿园教育不信任起来。

考虑到树儿之后上小学的问题，我便同 Wing 商量好，让树儿休学一年，从 2021 年 3 月开始在精神病专科医院的儿童孤独症中心进行全天候康复。树儿爸一开始并不同意休学这个方案，因为树儿是下半年出生的孩子，假如休学一年，相当于迟了两年上学，这样一来她就成了班里的"傻大姐"。为了说服他再扛一年康复费用的经济压力 *，我

---

* 一个月康复费7800元，残联补助报销2400元，补助共发放10个月。

使出了撒手锏，去戳他的核心焦虑点。

我对他说："如果不好好康复，能力太差，即便上了普通公办小学，虽然公办学校没有劝退权，但想要逼得我们主动转学的方法多得是。假如你的心理能够强大到单挑学校老师和家长，忍受树儿被孤立，死皮赖脸地待在学校不走，那就试试吧。或者干脆直接送市立特殊教育学校。"

"送特校，跟一群有问题的孩子在一起，近朱者赤，近墨者黑，没问题的也变成有问题的了。去那种地方上学，还不如书就不读了，你在家教也一样。说好了，我再撑一年，明年必须上普通小学。"

树儿接受全天候康复的同时，我也慢慢地调整过来，不再特别焦虑，也不再抱有不合理的期待，指望她休学一年就能完全跟得上普通孩子了。树儿是自闭儿，我是自闭儿家长。自闭儿的康复是一场马拉松，拼的是耐力，落后于同龄人已成既定事实。既然如此，那就让树儿按照自己的节奏慢慢成长吧。我必须接受树儿的慢，绝对不能急。我必须正视树儿和普通孩子不在同一赛道的现实。

探索能力的边界

从确诊孤独症到上小学一年级之前，树儿的大部分时间都在学习规则，从公共场所秩序、情绪表达等社交规则，到生活常识等实用知识。她的同龄人在幼儿园大班提前学习小学数学、英语，卷识字的时候，树儿却在学习如何和人打招呼，如何聊天时不打断对方的话，如何安排自己的一天，如何判断自己被欺负了并且求助，如何拒绝别人不合理的要求……直到现在，她依然还在学习和演练这些技能。

树儿显然是无法跟上同龄的普通孩子们，在幼儿园里和他们同步学习的。小学入学前的那个暑假，康复师才教了她汉语拼音和最基础的数学，为幼小衔接做准备。那阵子我过得非常疲惫，有时候也很悲观，但也不断地得到了安慰。比如，我原本以为她学不会汉语拼音拼读，或者至

我的课题："成为"自闭儿的家长

少对她来讲难度颇大，但没想到她也能学会。而树儿最大的进步恰好就是她的语言水平。相对来讲，树儿的语言水平提升很快，还发展出了孤独症孩子里不算常见的较为强烈的社交欲望，她学会了"尬聊"和"主题式聊天"以及"被动社交"（主动社交比较难，在小学二年级的时候她才学会和邻居家的小孩自然地玩耍互动）。我欣慰地看到，她或许可以算得上自闭儿里的"社牛"。要知道，树儿典型的孤独症症状之一便是语言发育迟缓。以前，她几乎无法说出一句完整的句子，也听不懂问句，大多数时候都在自言自语，机械重复地说话，与她交流曾经困难到我一度想放弃。

她语言能力的进步让我十分振奋，我开始再一次有意识地引导她去阅读。能和树儿进行一种母女间常见的亲子共读，实在令我开心。树儿从小就是个不喜欢读书的孩子。婴幼儿阶段，她爱撕扯不烂的布书。带她去图书馆，她很难静坐在阅览区的椅子上，听我给她念故事，她就像个旋转的陀螺，一条滑溜溜的泥鳅，东跑西溜，我一边跟图书管理员道歉，一边去抓她。但她一旦喜欢上一个故事，就会黏着我每天读，一直读到书都翻烂了还不肯罢休。有一本有关兔子一家人去海边游玩的绘本，她听多了后居然能很流利地背完整本。也许那是她头脑中的天线偶尔搭上了，灵光一现。她的这些行为，当时我都没有多想，觉得其他孩子也可能这样。不过在树儿确认孤独症后，回过头来看这未必不是一种早期的表现。

由此，我们家没有特意布置图书角，为树儿买的书也很少。我一直在猜，树儿会喜欢阅读哪些种类的绘本。隔两三个月，我会带她去一次图书馆，让她自己选绘本——她很难集中注意力，字数较多的绘本并不适合她，一页两三句话长度的文本比较适合。最初为树儿选择绘本的时候，我偏向于选一些偏文学的抒情绘本。比如《亲爱的小鱼》，猫对鱼缸里的小鱼说："每天我都会送你一个甜蜜的吻，而且我保证永远不会忘记。"小鱼长大了，回到了大海，但它最终回来了，小猫说："我明白你对我的爱——我给了你自由，你却回来了。"后来我发现，这或许只是我按照自己的审美能力做的一厢情愿的选择，树儿的审美能力（包括想象、联想、移情、共情能力等）还没有发展到能够理解文学绘本之美的程度。

树儿选书有她自己的三大标准：1. 封面是粉红色的；2. 与月亮有关；3. 与猪有关（这和她画画的品位相近）。她读过《月亮你好吗？》《月亮不见了》《月亮的味道》等月亮主题的绘本，还读过《我的鼻子里有只猪》《小猪的烟火大会》和《小猪变形记》等猪主题的绘本；至于粉红色封面的书，绝大多数都是芭比或其他公主书，字多，钻石酷炫的闪亮风格，我实在难以接受。九岁的树儿读了她人生中第一本粉红色的小马宝莉系列拼读书，我没有陪她阅读，这本书她每天坚持读三四页，近两个月读完了。

相较于幻想，树儿对现实更感兴趣，而且她特别喜欢洞洞书、机关立体折纸书。这些书很贵，通常我都去图书馆借阅，在陪伴树儿阅读时，她会津津有味地打开每一道机关，同时问着"为什么？这是什么？那是什么？"每次阅读，我都会告诉树儿不能毁坏书籍，假如把机关弄坏了，就和她一起修补。于是我选择了一些科普类绘本。经过多番尝试，我找到了她最感兴趣的主题——人体。她最喜欢《我们的身体》，这本书模拟了一个孩子从待在妈妈的子宫羊水里到出生、长大的过程，还附有肌肉、骨骼、器官的磁性拼图。通过玩拼图，树儿了解了最基础的人体结构。她很喜欢一套日本绘本《可爱的身体》，里面她最喜欢《打预防针，我不怕》和《拉便便，真舒服》两本与她的日常生活密切相关的书。

Wing 则是推荐了一些情绪管理、行为教养方面的绘本给我。但实践证明，阅读此类书籍对她来说还是太过抽象。这些书在家里闲置了一年多，等到她会识别喜怒哀乐的基本情绪，并对害怕、妒忌等更高级的情绪有所了解后，我重新带她阅读了这套儿童健康心理与健全人格塑造图画书——"长大我最棒！"丛书包括了《尝试和坚持》《学会分享》《倾听和学习》《懂得和遵守规则》《接纳和认同他人》《帮助和给予》等篇目。虽然我不确定她听懂了多少，但她很有耐心地听我读完了，并且随着识字量增长，她可以自己在没有注音的情况下，读完大部分内容了。

不过，在同龄孩子的阅读已经基本可以摆脱对图片的依赖，实现纯文字注音拼读甚至无注音阅读之时，树儿还只能像个幼儿园的小孩子，读图书馆低幼阅览室的绘本。

但我没有放弃亲子共读，在她磕磕绊绊读书的时候，仍旧耐着性子听她读，必要时对文本做些解释。在"行万里路"目前尚无法实现的时候，"读万卷书"是拓宽她的世界最快的捷径。每隔一个月，我就会挑一本绘本送给树儿，跟她一起读，不求迅速增加阅读量，只求细水长流地熟读每一本手中的书，在书里进行一趟趟思想的旅行。她已经学会了部首查字法（尽管速度非常慢），并且能在通读课文时给所有不认识的字注音。她正在一点点深入接近文字的世界。

家里还有一些我买的但树儿可能永远不会读的书，比如《儿童数学百科》《数字的故事》《哇，记忆真有趣！》。我目前对她的阅读要求就是能够较为通顺地朗读语文课文，会背老师要求背的古诗。进入三年级，开始上英语课了，树儿对英语产生了兴趣，会主动要求跟读课文。听着书房里传出从她嘴里蹦出蹩脚的英语单词发音，我觉得有趣。也许她永远无法英语考试及格，但通过长年累月的练习，她一定能学会基础的英语口语会话。阅读过程不会总是有趣的，它可能也是枯燥的，但她只要不害怕阅读，多多多少少都可以从阅读中汲取知识。

其实我和树儿爸曾像普通孩子的父母一样，给树儿规划过不少兴趣爱好。在三岁之前，我们都没有想过她会是一个自闭儿。那时候的她就像一台永动机，永远精力充沛，兴趣点集中在恶俗的屎尿屁上，喜欢玩玩具但不按常规套路来玩。我们观察了她许久，发现她体能还行，于是让她在一家幼儿体能培训机构学了近一年体操。

两岁半，我们特意让她上了一所蒙氏幼儿园，这是她的第一所幼儿园。园长有一次跟我说，树儿总是跑去教室卫生间玩，把马桶捅漏了。当时我表示可以赔偿，园长对我说："没有让你赔马桶修理费的意思。我是想告诉你，树儿很喜欢玩水，我们在考虑开发一些新玩法，教她玩。"听了园长的话，我有点感动。蒙氏教育注重物尽其才，因材施教。举个例子，单单是玩鸡蛋就有十几种玩法。但是由于学费偏贵，所以只上了一学期，我们就给树儿转学了。

三岁，由于家附近没有辖区公立幼儿园，树儿开始上私立幼儿园。老师们挺喜欢她，她有时会在上课时跑去园长办公室讨糖吃。在老师们眼里，她就是有点多动。老师们从来没跟我抱怨过树儿。四岁，公立幼儿园扩招了。我开始收到一些来自老师的投诉，比如上课坐不住，老是搞乱孩子们的茶杯，不跟其他小朋友玩，随意跑出教室不遵守纪律……

也是在这一年，市奥体游泳学校来这所幼儿园预选幼儿组游泳学员。树儿被选上了，原因很可能是她手长。这是树儿上幼儿园中班以来为数不多的好消息。她身上有发光点，被人发现了。我当时还做起了她成为游泳健将的美梦，做好了风雨无阻送她去学游泳的准备。我特地为树儿挑选了一条青色底白色波点、肩上扎玫粉色蝴蝶结的法式文艺风连体泳衣。

"树儿，你被奥体游泳学校选中了，你们班只有几个小朋友被选中，你好厉害啊！"我牵着她的手从预选处走出来，她毫无反应，她不知道妈妈为什么会那么开心。后来我才理解到，树儿脑中是没有个人荣誉、集体荣誉这些概念的，在学校里得到的奖状对她来说可有可无。直到现在，听到自己的画画作品参与公益拍卖的消息她也不会激动。相比较起夸她优秀，她更在意批评，哪怕是老师温和的批评，她都会反复酝酿情绪哭上好几天。

才上了半节游泳课，我的美梦就碎了。我知道她的脾气，一旦害怕一个人或一个物品，就会害怕很久很久，难以克服内心的恐惧。她在很多方面都发育得比其他孩子慢，但恐惧心理她很早就发展出来了。比如她害怕我开咖啡店的朋友的店里的一位常客，每回这位卷头发的叔叔出现，她就会像看到烈性犬一样紧张地哇哇大哭。第一次上游泳课，二十个孩子一个班，三个教练。树儿是全班唯一一个坐在游泳池边不肯下水，哇哇大哭着逃离现场，跑去换衣间找妈妈的孩子。

第一节课结束，我不死心，听教练的意见让她在家里站在花洒下淋水，把头浸在脸盆里练憋气。关上卫生间的门，我开始特训，发号施令。她站在花洒边缘，始终不肯走进去，头也不肯沉到脸盆里。卫生间里混杂着我略微焦急的吼叫和她的哭喊声。每次我一着急，嗓门就会变大，树儿可以感受到我的焦虑。她不习惯我的焦虑，因为我很少冲她大声说话。经过二十几分钟的逼迫，我的耐心丧失殆尽，甚至硬把她的头按浸在水里。奥体游泳中心的课上完三节就没有再上，她勉强能下水，然后沿着岸边行走。

五岁，树儿确诊孤独症并伴随轻度智力障碍。在我的认知里，那意味着她以后书读不起来了，文化课的补习没有任何意义了，但她可能会有体育、艺术方面的优势。于是，我想再试试看让她学游泳。一方面让她学会一门求生技能，另一方面让她拥有一个终生的爱好：成为一个会游泳的，甚至敢在河里游野泳、挑战冬泳的普通人。但由于她是个自闭儿，没有能力去上普通游泳班，上集体课，所以我打算找个有特教经验的游泳教练给她上一对一的课。一期学不会就学两期，两期学不会就学三期。人生那么漫长，不急于一时一刻。

我向孤独症圈子里的家长打听，她们推荐了一位有特教经验的游泳教练。那时从秋天学到冬天，一周一次，我送树儿去离家车程一小时的游泳馆学习。隔着游泳馆的玻璃屏幕，我能看到树儿在朱教练一对一的辅助下，循序渐进地练习蛙泳的腿部动作、手部动作、换气、手脚整合。每次我都津津有味地看着她手上环着臂圈、腰上戴着背漂、手上抓着浮板，一趟趟从泳池这头游向那头。有时候，我看到她在岸上哭泣，不肯下水；有时候，我看到换气环节她不敢把头埋下去，教练就数着"1、2、3"一遍遍地示范张嘴吸气给她看。当时，我觉得她挺配合教练教学的，应该一期结束就能学会游了。我以为她每周问我的"什么时候可以不游泳？"只是在开玩笑。

十六节课上完，教练对我说："树儿妈妈，树儿的心肺功能可能还没发育好，她在水里很紧张。你还是等孩子大点，肺活量提高了再过来学吧。"游泳学完，树儿更怕水了，她没办法站着淋浴洗头发，一滴水碰到鼻子都不行。其后大约两个月时间，都得她爸爸帮她头朝后仰着洗头。

"真搞不懂你为什么非要逼她学游泳，把她吓成了这个鬼样子。"树儿爸向我抱怨。

事后反思，原来树儿是为了完成妈妈的命令，强忍着对水的恐惧硬着头皮上了十六节课。假如我少花点心思在朋友圈晒游泳照炫耀上，多花点心思去观察她对游泳的切实感受，我就会及时喊停游泳课。后来都快十岁了，我偶尔给树儿洗头时，假如是头朝前低的话，她还是会习惯性拿条干毛巾捂着脸，以防呛水。

每每见到树儿这样，我的内心深处都会泛起愧疚的余波，当时坚持让她学游泳也是因为一个我未向他人道过的执念。大约二十二年前，母亲给我报了游泳课，游泳馆老板是父母的朋友，她特地嘱咐过游泳教练，我特别怕水。第一节课练习水下憋气，整整一节课我都没有把头埋到水里，头发全干的。露天泳池的水波光粼粼，而我头晕眼花。担惊受怕一节课后，我哭着求母亲不要再逼我去学了。

　　现在我也成了我父母那样的人，希望孩子能学会自己小时候没学会的或者没学过的东西。在树儿出生时，我就希望她可以像鱼儿一样遨游，实现我没实现过的游泳自由。而且我的游泳执念甚至比母亲的还要深。我甚至选择性地忽视了，树儿怕水的样子和童年的自己是多么如出一辙。

　　在我渐渐理解树儿的孤独症究竟意味着什么后，我知道了她的心智大概只有两岁孩子的水平——难怪她从来不顶嘴，从来不和我吵架，从来不会反抗。那是因为她的自我意识还没得到充分发展，她没有能力拒绝我。我将这点拿捏得死死的，将与她的相处简化成了控制与被控制的关系。她只有一个选择，按着妈妈安排的路亦步亦趋地走下去。这就是为什么,她跟着朱教练学了十六节课,我都没考虑过她是否害怕,是否真的愿意去学。

其实很多普通孩子上兴趣班,也可能是被迫去的,但他们的抵触情绪或许可以通过语言沟通或其他方式被抵消掉。他们甚至可以讨价还价,为自己争取到不学的权利。然而树儿是没有这样的能力的。她真正发展出主动学习的意愿并养成主动学习的习惯,是上小学一年级以后的事了。随着树儿逐渐长大,我开始允许她不按我的规划行事。小时候控制她,给她下很多指令让她完成,比从小就尊重她,有耐心让她自己试错要容易得多,但我不该让她过分牺牲自己去成全我。

从孤独症判决书下达的那一日起医生就告诉我,她落后其他孩子很多,要想发展到普通孩子的水平几乎是不可能的。而我经常忘记这一点,急功近利,幻想她能只教个两三遍就学会。因为我的原因,她体验过许多次挫败,而我又经常忽视她取得的微小进步。我听取了朱教练“等她再大些再学游泳”的建议。五岁埋下的游泳种子,迟早有一天会发芽的。我能做的只有等待,从零到一的突破是最难的，它只能发生在正确的时间。

所幸树儿学游泳这件事，最后还算有个不错的结尾。2024 年，她快十岁了，我又想试试。不行就算了，我想，不能逼树儿。我特地给她报了康复机构所在医院下属的游泳馆。这回是一位温柔的女教练，姓汪。报名时我预先告诉汪教练，树儿患孤独症，听指令、跟随指令方面的能力可能比较差。

一个游泳班六个孩子，第一节课先学憋气，果然不出我所料，她不敢在水下憋气，只敢鼻尖轻轻点水。在浅水区，水位没及树儿的腰，深水区没至肩膀。教练对我说："没事儿，普通孩子里也有特别怕水的，游泳馆那么大，孩子害怕很正常。"她让我在家先用小碗盛清水让树儿练憋气，等她适应了再换大盆练憋气。

树儿光憋气就练了四节课。有的孩子已经开始练腿部收翻蹬夹动作，抓着浮板练滑行了，进度慢的也在手抓着漂浮带练习腿部动作，只有树儿一个人跟着我单练。但我觉得她愿意练这个就已经挺不错了，而且竟然还进步显著：树儿在水下憋气，从最初的三秒练到了后来的十秒，头也越来越往下沉了。

树儿在水下憋气的时间越来越长，她变得越来越自信了。我坐在家长休息区，时而抬头看看她。第五节课开始我撤出了辅助，教练开始教树儿蛙泳的标准姿势。虽然她的动作姿势不那么标准，虽然她的学习进度大幅度落后，但只要每堂课她不哭闹（之前上课前需要做心理建设，下水后起码哭五六分钟），能够认真完成老师布置的任务就可以了。孤独症的机械刻板在此时有了用武之地，自闭儿会不厌其烦地听从老师的指令，一是一，二是二，完成任务不打折扣。后期撤掉了浮板和背浮，树儿也能游完一趟二十八米。尽管她游得并不流畅轻松甚至略显吃力，但她能独立游完全程，途中没有因为换气来不及而呛水停止，就够了。

游泳课结束，树儿和我说："明年夏天，我们要去海边玩水。"我一下子想起了怀上树儿时那无限的海边，我答应她，一家人一起去近海滩的地方扑腾扑腾。明年夏天，我们接着学游泳，蛙泳、自由泳、仰泳、蝶泳，一种一种慢慢学。我想，树儿别害怕，游啊游，你会，也可以一直一直地游下去。

在那一年里，正是因为树儿和我都有比较多的空余时间，受此激励，我把她当"试验品"，还做了许多其他突发奇想的实验，我想试探她能力的边界在哪里。我们是游离于学前教育体制外的人，除了阅读和游泳这类比较正式的，其他的"试探"都很随意且心血来潮。比如，我想看看她是否能在没有美术老师在场的情况下自主画出好看的、有故事情节的画。实践证明，她画画还是需要语言上的指导提示，没有老师指导，她就会偷懒去临摹一些她喜欢的小物件。再比如，我想测验一下她有没有背诵能力，选了首唐诗《山行》，结果快一小时过去了，她还是背不下来，央求我让她先上厕所。

"妈妈，我屎快憋不住了。"

"坐那儿拉地板上。"我气愤地撂了回去。

我们经常会来一场说走就走的市内小旅行（现在管这个叫"city walk"了）——因为经济拮据，我们很少外出旅行。我想看看她在旅途中对于各种事物的反应和认知，但我渐渐发现，比起旅行的风景和事件，她更偏爱乘坐交通工具本身，她喜欢记各种各样的公交线路和站名。坐公交时，她总会好奇地问我那些没坐过的站点长什么样子。回四川老家时坐飞机，她会推着自己的行李箱，从取票开始，跟着爸爸一路过安检、登机、找座位，每一个环节她都想参与。"妈妈，你看白云好像棉花糖，我想睡在云上面。"她能一个人望着机舱窗外很久很久。

有时候，我们会买一张距离最近的动车票，体验动车速度。她很喜欢这样——在候车月台上看着动车呼啸而过，她一边害怕地往我身后躲一边"呜呜呜"地大叫。温州轻轨通车后，我们又多了项交通工具乘乘乐游戏。后来树儿上了小学，轻轨灵昆至瓯江口段开通，那是名副其实的海上列车，沿途的风景就像宫崎骏的电影。我会挑非周末的时间专门带她去乘坐这段轻轨。树儿像做游戏一样，很快就学会了乘坐交通工具的规则，熟悉了乘坐交通工具的一系列流程，而这平平无奇的乘坐交通工具，则成了树儿独特的玩乐。

2022年，树儿到了上学年龄，她的康复一直比较顺利，我自认为也和她一起做好了进入小学的准备，我们就向鹿城区特殊教育随班就读指导中心提交了九月份普校入学的申请。这个中心将会帮助特殊孩子家长和学校方面沟通，尽可能为孩子找到匹配的班主任。从结果来看，树儿很幸运。

我在普校小一陪读的一年

来自校长的劝告

2022 年 9 月 5 日中午，距离树儿成为小学一年级新生的倒数第二天，我接到了校长的电话，让我带孩子去学校面谈。秋老虎天气，我急急忙忙拽着在游乐场荡秋千的树儿赶去学校。树儿穿着露脐短背心，花布裤衩，洞洞鞋，晒得焦糖色的手臂上贴满了天线宝宝文身贴，这副打扮明显不适合见校长，但已经来不及换装了。

"记住妈妈和你说过的，见到校长要有礼貌，回答校长的问题，别自言自语，知道了吧？"

"那我可以在校长面前搬盘腿吗？我可以唱《花园宝宝》的歌吗？"

"都不可以，你得安静坐着。"

我拉着树儿径直跑过操场，面红耳赤气喘吁吁地进了校长办公室。校长和教导处主任脸上挂着职业式的微笑，上下打量起树儿。树儿老老实实地端坐着回答完今年几岁，叫什么名字，哪个幼儿园毕业这三个常规问题后，就开始在沙发上爬上爬下，抠鼻屎吃，哈哈大笑，完全不受控了。校长虽然在询问我有关孩子的情况，但眼睛一直盯着自嗨的树儿。

"作为陪读家长你要明白，因为你断章取义的几句话，可能就断送了我们一位优秀教师的前程。我们学校对面就是教育局，家长不满意的话，过个斑马线就可以去投诉了。你想陪读，是为了孩子好，但对于老师们来说，你的存在是会让他们不自在的。虽然我们也提倡教育多元化，尊重生命多样性，但家长们背负房贷拼学区房送孩子过来读书，你换位思考下，假如你是普通学生的家长，你孩子班上有一个特殊孩子，你会怎么想？希望你能在学校做一个隐形人，不要在家长群里发表不合时宜的言论，在要求老师多关照你的孩子之前，先想想你能为老师做些什么。你一定要做到隐形、透明。"

当校长开门见山地说到"断送了我们一位优秀教师的前程"时，她的眼神如同她的语气一样夸张，身边的教导处主任也严肃地点头附和。我被她们如临大敌的气势镇住了，寻思为什么这所小学对特殊孩子这么不友好呢？是之前发生过什么普校融合的家校冲突吗？校长电视剧台词般的话激起了我的八卦心。后来打听到，在当年义务教育公办小学招生的七月份，一个原本在这所学校就读但决定转学的特殊儿童家长闯进了招生办公室，言辞激烈，并且向教育局进行了投诉，后教育局还介入了调查。关于这起冲突，我没有深挖，媒体也没有报道。

树儿在沙发上待腻了，趁教导处主任起身打水的时候占了她的座位，坐在椅子上转圈圈。

"这位家长，您的孩子，尤其作为一个女孩，有点罕见地多动，不像是自闭。来学校，先学学规矩吧。"

"校长，医院诊断是孤独症并伴随轻度智力障碍，她可能是刚来到新环境有点亢奋。"如坐针毡的我赔着笑脸解释。

"你的孩子是有读书运的，自从学校挂牌成了 × 大学附属小学后，大批医生、公务员、教师的子女都涌向这里，生源水平提升了好几个档次。假如你去年办理的是缓学（不占学籍名额）而不是休学，今年按照义务教育招生政策，你们属于第二批次招生，提篮子的又那么多，你的孩子未必能入读我们学校。"

"校长，我知道学区房房产证上的名字不是孩子父母的话，招生属于第二批次。为了确保树儿能入读这所学校，我给她办了休学，先占了学校一个名额，然后办了残疾证，这样算随班就读，也可以不影响班级的学业成绩考核排名。我已经尽可能不给老师添麻烦了。"

"看来你是提前做了功课，有备而来的。"校长吃惊的表情稍纵即逝，赞许地点了点头。

这次面谈，持续了一小时。专注力本身就低的树儿放飞自我、自言自语重复提问打岔、刻板动作等问题行为在面谈后半段时间里暴露得一览无余，我放弃了帮她掩饰的抵抗。最终我和校方谈妥，一年级第一学期先陪读，每天上下午半天的课（主课基本安排在上午）。

"小朋友，欢迎你来学校，希望你早点融入 × 小学这个大家庭，学会怎么在集体里生活。"校长落落大方地和树儿握了握手。

校长面谈在紧张、尴尬、彼此试探中结束了。后来回忆起这次并不算友好的面谈，我心想，校长可能只是想给我一个下马威而已，毕竟在与我面谈的两个月前，她刚领教了一个特殊儿童家长的指责、控诉与谩骂，还心有余悸。和其他分散在本地不同普通小学的陪读家长们聊天时我发现，树儿小学的校长已经算包容、友善、尊重人的了。老牌公办名校的校长们，有的要求刚入学的特殊儿童办残疾证；有的入学不到一个月，就建议家长带孩子去医院开孤独症、发育迟缓、智力障碍、多动症、情绪障碍等诊断证明书；还有的根据对家长的经济背景调查，建议转学去公办特校、县乡一级生源自然萎缩的小学和私立小班制贵族学校。

陪读，我的选择

一年级新生入学仪式，我从昏暗落满灰尘的杂物房搬了张椅子坐在树儿的座位旁。那天，全校一年级段的老师都配备了一部无线对讲机。之后将近两个月，老师们全靠麦克风输出式的吼叫，来"镇压"刚从花果山幼儿园毕业的猴孩子。

欢迎仪式热烈隆重，锣鼓喧鸣，树儿和我手牵手走过红地毯。我是唯一一个被允许进校的一年级新生家长。其他家长都挤在校门口，黑压压的一群。在这个充满仪式感的日子里，我的脑子里闪回了1990年代末我上小学时为了欢度国庆和同学们一起排练，手里拿着绕皱纹纸的呼啦圈，高高举过头顶，原地踏步，振臂高呼的场景。记得那天雨越下越大，皱纹纸被打湿后颜料顺着头顶流下来，大家都被染成了花脸猫。最后，在倾盆大雨中，整齐划一的各色方阵的口号响彻操场上空——"祖国母亲万岁！"如今 10 后的孩子恐怕很难有机会上一堂雨中体育课了，哪怕只是飘毛毛细雨，他们也会被赶回教室看动画片。

我最初决定陪读，一方面是想了解现在小学教育的真实状况，看清楚树儿和她班里的同学到底差距有多少，摸清楚班主任的底细；另一方面是想给其他孩子当保姆，讨好其他小孩，帮助树儿在学校交到朋友。只要不被彻底孤立，哪怕在班级里只有一个小孩对她好，那她在这所学校就能混得下去。只要她感受到学校环境对她是善意的，那么就不太可能厌学。记得 2021 年，在听暑期残联组织的特殊儿童普校融合专题讲座时，台下的我忐忑不安，提前离席了。回到家膝盖一软，躺着出冷汗，脑补树儿上小学被其他孩子逼到隐秘的角落脱裤子的画面。当时的我坚信，假如不陪读，树儿肯定会遭遇校园霸凌，并且遭遇霸凌后还不懂告状。但假如我陪读，75 公斤重的一个庞然大物阿姨不合时宜地出现在学校里，引起老师侧目、学生围观，持续的难堪我是否能够承受得住？

2022 年 9 月 6 日，不仅是树儿的新生入学仪式，也是我的。因为有了陪读的契机，我才有机会去零距离观察现在的义务教育，才有机会重新上一遍小学。树儿所在的小学是 × 集团学校下属的统筹校区。所谓统筹，就是生源质量总体偏低的意思，但又因为属于老牌名校，所以还是有不少家长会选择买学区房送孩子来这里上学。2016 年浙江省全面落实二孩开放政策，2021 年这所小学挂牌成立了 × 大附属小学。这种"教育联姻"的结果就是 2023 年，首批 2016 年出生的二孩长大到了入学年龄，凭借"× 大附属小学"这一散发着精英高知味道的招牌，学校争取到了区里基础设施改造升级的项目。2023 年，一年级扩班到六个班级。每天放学，校长都要拿着喇叭，带着体育组的老师严阵以待，指挥家长有序接送。为避免堵塞交通，交警也会出动。

对于特殊儿童上普通小学家长陪读是否能帮助孩子融合得更好这个问题，一直是有争议的。我认识的一些特殊儿童的家长，他们并没有选择陪读，有的是出于经济原因的考虑：陪读意味着家里夫妻双方有一方会失去收入来源，养家糊口的重担只能由一方承担。有的是出于心理因素：

成为陪读家长就得低调、隐形、讨好老师，和普通家长搞好关系，让他们相信你的特殊孩子不会影响到他们的孩子。一些普通家长则会希望从陪读家长那里打听到自己的孩子在学校的适应情况、老师的教学情况。而在学校老师看来，学校里多了一个陪读家长就像多了一双监督的眼睛，令他们不自在。陪读家长的地位实在是尴尬。

我的一位妈妈友脸皮比较薄，在陪读一个月后就放弃了，将她女儿从名牌公办学校转去了普通的民办学校。她的情况特殊，因为民办学校租借了她的家族企业的厂房，因此她的女儿在那所学校会受到优待与庇护。我也曾在陪读时听到教室隔壁杂物间传来大人和孩子的嘶吼，还有棍棒敲打墙面的声音。当时我怯怯地问班主任小刚，这是老师在教训学生吗？班主任习以为常地说："我们老师才不敢动手，老师最多凶一点，批评几句。敢动手的肯定是亲妈呀！"

杂物室被反锁的门打开了，一个脾气暴躁的妈妈拽着儿子出来直奔楼上，儿子被拖曳着大哭大闹，妈妈暴跳如雷地喊着："你再这样，再不肯认错，我们一起去天台跳下去算了！"我不知道那个孩子后来怎么样了，是继续上学还是转学了。据我所知，在树儿一年级读书的时间里，学校里默默转走了两个孩子，转学理由未知。疑似体罚的妈妈的怒吼，我记忆犹新，其实我有点理解和同情她，身为特殊孩子的家长，情绪崩溃是难免的。

而就陪读而言，还有一种对大多数家庭来说比较奢侈的方式——"影子老师"，即专业的陪读老师。目前影子老师的资源还是比较匮乏的，有特教专业背景的影子老师，即能陪伴孤独症孩子在普通学校（幼儿园、小学、初中、高中）就读，随时提供入校支持的陪读老师，在北京的月薪均价达到了1万。在温州的普校，假如选择陪读，要么父母或祖父母/外祖父母陪读，要么花钱请保姆等陪读，月薪市场价4000元起步。一般家庭是无法负担从外地聘请专业的影子老师的。本地的孤独症康复机构也因为费用等原因，没法提供影子老师的服务。而且即便家长一方自己陪读，或者有能力负担聘请影子老师的费用，是否能进学校陪读，自由裁量权也在学校一方。

其实按人口数量来算，孤独症不算少数群体，来自

2022 年《中国孤独症教育康复行业发展状况报告Ⅳ》的数据显示，我国的孤独症家庭数量已经达到 1300 万，根据我国政府公布的数据，现在孤独症孩子的出生概率已经达到近 1/100。在普通学校，一个年级段里面起码有一两位不同障碍的特殊儿童。政府教育部门已经认识到普校融合的现实压力，规定假如一所学校拥有五名及以上的持残疾证儿童，那么经特殊儿童家长和校方协商，可以申请批建资源教室，政府一次性拨款 35 万元用于筹建。在资源教室里，会配备特教老师，定期为校内的特殊儿童上课、开展心理健康服务。但事实上，已经建立资源教室的普校数量凤毛麟角，拥有特教老师的普校更是少之又少，大多是家长志愿者在充当资源教室的教师。因为普校会有顾虑，一旦兴建资源教室，配备特教资源，有着庞大人群基数的特殊学生家长会去挤兑在融合教育方面做得较好的公办学校的资源。温州曾有一所公办中学设立了资源教室，特殊家长们得知消息后，纷纷想方设法送孩子去就读，谁知不久资源教室就被低调撤掉了。

　　2023 年 9 月，温州出台了"特教老师巡回入校"制度，先在鹿城区试行，第一批申请落实的公办小学里，没有一所是老牌集团名校。在试行学校里就读的特殊孩子，一个月一次可以得到特教老师的教育指导。该方案至今还在试行期。

一个孤独症孩子，在比较理想的情况下，按照目前的教育政策，义务教育阶段能力高的随班就读混普校，能力低的读特校。但从现实情况而言，现在一所普校肯让家长陪读，已经是最大的开放尺度了。从小学四年级开始，普校存在"赶人"现象，不少高年级段的随班就读的孤独症孩子会因为各种原因转去特校。市政府近几年还决定在鹿城、瓯海、龙湾三区兴建公立特殊教育学校，鼓励户籍所在地的特殊学生就近入学。

孤独症孩子受教育，究竟是尝试普校融合/全纳教育好，还是与普通孩子隔离，进特校小学、初中、高中九年一贯制学习好，学界、政府、社会一直是有争议的。我相信，每一个特殊孩子的家长的初衷都是想先送自己的孩子去读普校的，特校是退而求其次的做法。如果国家倡导融合教育，利用现有的普校资源去接纳特殊学生，却没有足够的特教支持的资源，那特殊孩子上普校就成了混读。尤其是在没有家长陪读的情况下，可能还会出现能力倒退。反之，如果国家倡导特殊教育，那么特校兴建、特教师资培养也是一笔巨大的长期教育财政支出，这还不包括大龄孤独症的职业教育、就业扶持、托养（没办法就业、生活自理能力弱的孤独症患者）等的国家投入。想让每一个自闭儿长大后能有尊严地活着是很烧钱的。还有一点也可以肯定：单单靠一个个家庭去独立承担养育特殊孩子的责任，并且保证孩子长大后不成为社会的拖累，这是几乎不可能完成的任务。

我对于自闭儿上的特殊教育学校，也有些自己的经历和看法。2013 年，我当见习记者的时候，曾经去过温州特校进行采访与宣传。那所特校建立在永嘉瓯北的山边，是全国最大的特殊教育学校。漫步在庞大的、郁郁葱葱的校园内，我感受到一丝静谧。与普通学校相比，这所学校的学生人数不多，师生配比很高。学校是从幼儿园到中等职业教育十五年制的公办教学，主要招生对象是聋哑学生和智力障碍学生。校长告诉我，在特校每个学生都有自己的专属功课表，老师能真正做到"因材施教"。但尽管条件这么好，一直到现在温州特校都没有专门的孤独症班。孤独症孩子要想上温州特校，需要办精神二、三级或智力二、三级的残疾证。

放眼全国，甚至连专门的特校孤独症康复老师资源都是不足的。现在特校招生年年爆满，尤其是小学高年级段，一些在普校"混不下去"的学生会转去特校。还有许多接受完九年义务教育后没办法凭自己的能力考上中专或普高的特殊孩子，也会选择去特校继续学业。在特校，能力不好、安坐不住的孩子也是需要陪读的。能力特别好的孩子可以进重点班，或者去与特校有合作的普校的卫星班。

目前，温州的特校招生处于饱和状态，各个区还在新建特校，以便让特殊孩子就近入学。但综合来讲，我并不认为上特校，树儿就能接受更具针对性的教育。特校只是我的一个备选，一条退路。我总觉得上特校属于一种隔离，它会让树儿失去与普通孩子接触的机会。虽然我不排斥树儿接触特殊群体，但我希望她可以相对自然地生活在普通群体中。同时，树儿爸对特校的偏见也颇大，在他放弃自己的偏见前——按照我对他的了解，这几乎不太可能——他大概率是不会让树儿上特校的。不过，假如有一天，树儿真需要上特校，我也不认为那是普校融合的失败。这就好像精神病人频繁地住院出院，我们不能因为他的住院就认为他在精神病院外的生活是一无是处的。普校融合为主，孤独症康复为辅，在我看来是目前最适合树儿的教育。

养育一个自闭儿，就像经历一场当代的教育实验，树儿就是小白鼠。教育牵扯到了方方面面的利益博弈。作为升斗小民，我唯一能做的就是在国家还没有禁止融合教育前，在树儿还没有到不得不去读特校的地步前，珍惜她能在普校上学的时间。上普校对于自闭儿而言，某种意义上是特权，是殊荣。以温州为例，普通小学允许陪读的时间段基本上限定在小学三年级之前，初中是不允许陪读的。我的陪读时光，满打满算，只剩一年半了。

"别的小朋友不用妈妈陪，我得妈妈陪"

陪读的第一天，正值白露节气，距离上课还有四十分钟，我才惊醒，摇醒酣睡的树儿，一路飞奔。铃声响了，踩点进教室。阳光灿烂，我时常走神，笑场且多动，无数次按捺住偷偷刷手机的冲动。树儿则一直把手伸进书包摸发条小鸡。她假装听讲、神游太虚，一下课就火箭一样冲出去，到操场上哈哈大笑，看着陌生的孩子们跳绳、打篮球、玩老鹰捉小鸡，一边笑一边摇头晃脑转动右手。她是那么形单影只地欢乐着。一直到现在，她依然每天都带一个小玩偶去学校，把它当作幻想的朋友，所有老师都默许了她这个行为，她成了全班唯一一个被允许带玩具上学的孩子。

陪读的第三天，班主任小刚老师就和我委婉地反映，别的孩子有困惑，回家问家长，为什么树儿有妈妈陪，他们的妈妈不能陪他们上学？家长们意外得知，原来班级里有一个特殊孩子。这位年轻的班主任试探性地问我,是否可以在陪读的时候离开教室,就在门口坐着,这样其他任课老师在上课的时候不会尴尬,其他学生也不会受到影响。我立马答应了,撤出教室。

从此我每天都在下午半天搬张小椅子,坐在教室后门外。树儿一个人单独坐在靠门的位置,她是班里年纪最大(比班里孩子大一两岁),长得也最高大的孩子。一年级整整一学年,她都没有同桌,一个人独自坐在靠门的位置,隔着窗户,我可以看到她。假如课堂上出现任何意外情况,比如她干扰到其他孩子上课,或者下课了出现任何她与同学之间的纠纷,我都可以第一时间推门进去处理。对于其他孩子而言,起初树儿就像误入小人国的巨人,但很快他们就发现树儿并不凶猛,她就像个幼儿园的小朋友,心智比他们都要稚嫩,言谈举止有点怪异。

而我后来通过和普通家长接触才发现,家长们对树儿、对我其实也没有什么恶意,他们同情、怜悯、喜欢树儿。我收获了许多来自家长的善意,在他们对我陪读价值的肯定中,我的心态也从低人一等的自卑中慢慢摆正了。而同

"别的小朋友不用妈妈陪,我得妈妈陪。"

时，我也看到了普通家长养育普通儿童的辛苦。

我坐的那个位置，迎面是操场映射来的明晃晃的阳光。背后是公厕，夏天吹穿堂风，相对没那么闷热，能闻到屎尿味。在陪读的一年里，我经常在教室门口坐累了，便起身去操场散步。校内栽种了杉树、银杏、松柏、李子树、香樟树、枫树和雀舌黄杨。教育就像植树，并不是所有的树苗都能长成参天大树，有的可能成为婀娜多姿的纤细柳树，有的可能成为盘根错节的榕树，还有的可能是矮小的灌木丛。但每一棵树都是独特的生命体，它们向下扎根，经受日晒雨淋、风霜雪雨，按照自己的步调向上伸长，开枝散叶。

现在的教育流行贩卖焦虑，比如"赢在起跑线""鸡娃不如鸡自己"。但实际上，人们养育孩子，接受不了平庸，也接受不了特殊，"佛系鸡娃"等等都是贴标签而已。生了就得养，抛弃就是犯罪，道理就是这么简单粗暴。在特殊孩子家长眼里，"普通"就是最大的先天优势了。

以树儿为例，按功利的观点讲，她算是连站在起跑线上的资格都没有的。但所谓的起跑线其实是一个虚幻的概念，教育可以说是最不公平同时又是最公平的事。人生的赛道不是单一的、平面的，它可能是多维度的。树儿和她的同班同学处在不同的赛道，拿普校对于普通学生的要求标准去衡量她，并不公平。我同意精神科凌医生的看法，心智障碍的孩子和普通孩子的主要区别是成长步调的不同，作为特殊孩子的家长，得尊重自己孩子独特的成长节奏。在旁人看来，这些特殊孩子即便长大了，行为举止也像小孩子，单纯稚气，没有攻击性的像"傻白甜"，具有攻击性的遇到人际冲突就发脾气打人，撒泼打滚。我听过一些从事孤独症康复的年轻女特教老师吐槽，大龄孤独症康复太难了，尤其是青春期的男生，长得人高马大，心智却只有七八岁孩子的水平，给他们上课，很怕突然被他们打。还有的性羞耻感薄弱，上课可能会当众手淫。

　　世上没有无忧岛，没有孩子可以拒绝长大，成为彼得·潘是孤独的。更何况，从来就没有无忧无虑的童年一说，天真无邪只是大人对小孩的期许。有一种妈妈，即便子女已经长大成人，也不肯割断心理脐带，长期忍受着分离焦虑的折磨。我所在的孤独症陪读家长圈里，有的妈妈内卷到一手包办班级研学、公众号撰写等工作，并受聘成为学校的特色课程家长导师，平时在学校的地位如同副班主任。她们有的凭借一己之力成为明星家长，把自己立成一杆永远屹立不倒迎风飘扬的旗帜，把孩子捧成加了"孤独症"前缀的"绘画小天才""作文小天才"。在佩服这些全能妈妈的同时，我又不免替他们的小孩暗暗叹口气，妈妈们忙着替孩子们打江山，那厚厚的一摞又一摞的奖状里到底有多少张是凭孩子的真才实学获得的？我的母亲也曾经是明星家委，她把培养我当成事业，她就像一只特别护崽的老母鸡，时刻张开双臂保护着我，又像救火队队长，随传随到。在她无孔不入的令人窒息的母爱的"庇护"下，我看似顺风顺水地长大了。直到父亲自杀去世，脆弱的纯真玻璃罩被打破，孤儿寡母一起生活，我成了母亲唯一的精神支柱。

在温州，除了少数几所以融合教育为对外宣传点的公办小学以外，其他普校都遵守着一个不成文的规定——尽量低调，不公开学校里有特殊学生的事实。但陪读家长的存在，时刻提醒着其他孩子，特殊学生和他们不一样，而陪读家长的存在本身，对孩子们来讲也是很新奇的。

一年级第一学期，我几乎天天"开发布会"，下了课被几个对树儿特别好奇的孩子围追堵截，解答各种问题，诸如：什么是孤独症？她生下来就是自闭吗？孤独症能好吗？为什么她那么爱笑？为什么她不理我？为什么她老自言自语？

　　有一回，开学后持续观察了树儿两周的小蕊对我说："阿姨，我希望树儿长大了病还没有好。"

　　"好啊，我给你留着记录数据，等你长大攻克孤独症。你要是解决了这个难题，诺贝尔医学奖就是你的，你还能去北京人民大会堂。你要好好读书，考温州医科大学。"

　　"不，我要去武汉学医，我要把新冠病毒灭了。"小蕊郑重其事地说。

　　还有一回放学，妈妈是医学博士的小雨突然对我灵魂发问："阿姨，树儿什么时候能独立一点？"

　　我一时空耳，听成了"阿姨，你什么时候能独立点？"（老实说，这个问题是无解的。）确认了一遍问题后，我说："她比同龄人心智发育慢了两至三年。大概四年级的时候会有你现在的独立能力吧。"教养很好的小雨迅速掩饰了

"别的小朋友不用妈妈陪，我得妈妈陪。"

震惊，自然流露出了同情和理解。

还有个帅气也淘气的小男生小郝少年老成地叹了口气说："树儿最大的问题，就是她太快乐了。"

小非是个少见的被"自然养育"的孩子。她妈妈是高中的心理老师，很喜欢善于自娱自乐的树儿，我们成了妈妈友。小非妈妈说，现在刚上小学的孩子，很多都是在幼儿园阶段内卷好了，打包送去小学的。基本上过幼小衔接班，有的可能提前学完了小学一年级的内容。而她所谓的自然养育，就是指不在幼儿园阶段提前学习小学的内容，让孩子自然成长。自然养育的孩子可能在小学低年级段的时候学业成绩会有点落后，大概要在小学三年级才能迎头赶上。家长选择自然养育而不参与内卷是需要勇气的。

小非除了向我打听了大半个学期树儿的情况外，似乎对我这个陪读妈妈也很感兴趣，想知道我除了陪树儿外，日子还能怎么过。

"树儿妈妈，树儿有玩偶吗？她有多少玩偶？她为什么要每天带一个玩偶到学校？你能拍一张她的玩偶照片给我看吗？"

"她有许多玩偶,从小到大收集的玩偶,一个都没扔,有些已经脏兮兮了。玩偶就像一个定位器,帮助她确认空间方位,这是我在一篇研究孤独症的文章里看到的。学校环境对她来说是全新的,她可能有些不安,有玩偶陪伴,会安心点。"

对学校的新鲜劲过去后,送树儿上学的时候,她开始像复读机一样提问:"为什么我要陪读,别的孩子不用陪?"

"因为妈妈舍不得离开你,想跟你在一起,看看你在学校过得好不好,有没有交到新朋友。"

"妈妈走,我不要妈妈陪。"

"等你再独立点,妈妈就离开学校,让你一个人上学。"

"我已经独立了。"

循环往复一周 N 遍后,我不耐烦地说出了真话:"因为校长要求妈妈陪读,妈妈不陪读,你就不能上学。你也争气点,在学校乖乖的,争取让校长老师都放心,这样妈妈也可以早点结束陪读的生活。"

"星期几,可以不用陪读?"

"我不知道,这不是我说了算,是学校说了算的。别

"别的小朋友不用妈妈陪,我得妈妈陪。"

再问了！"

我不清楚树儿是否理解这个答案，但自此以后，她再也没有问过这个问题。接下来的近一个月里每天上学和放学的途中，她都在自我确认："别的小朋友不用妈妈陪，我得妈妈陪。"

但是，到了一年级下学期，情况反转了。树儿说："校长说了，我还小，得妈妈陪上学。"

"上学期可不是这么说的，你说你已经长大了，妈妈走。"

"我还很小……"

"你比你同学都大一两岁。你最大。"

"那你明年再离开，再陪我一学期。"

"成交。"

我由此断定，树儿的分离焦虑出现在了一年级下学期，她的反射弧长度是以月为计量单位的。

躺了但没有完全躺平的学业

　　自从树儿确诊孤独症，我便加入了温州本地的孤独症家庭互助组织同星园，常年潜伏在同星园家长群里，会感受到一些在特校读书的孩子家长对于在普校随班就读的孩子的"羡慕嫉妒恨"。

　　我是温州本地小学融合教育家长群的潜水用户。在群里，用现在流行的话说，大家互相提供情绪价值，吐槽孩子读普校的糟心事，分享温暖与感动。陪读家长大致可以分成三类。第一类"交际花妈妈"，家委活跃分子，承包了班级公众号撰写、组织班会课外研学、代为管理班级午休等工作，地位如同班主任，但薪酬和代课老师差不多，有的甚至没有薪酬，一直提供志愿服务。同星园有一位妈妈，被学校聘请为代课美术老师以及民俗教育家长指导师，堪称温州陪读界天花板。第二类"学业鸡血妈"，隔三岔五地在群里共享繁多的学习资料，狠抓孩子的学业，长年累月地经历"盯作业，亲子关系决裂"式的悲剧性阵痛，不放过任何一份家庭作业、任何一张考试试卷。这类家长的孩子通常智力较高，接近或等同于普通孩子的智力水平。第三类"躺平妈"，对孩子的学业期待基本躺平，也不参与陪读，让孩子在学校独立上学，自己忙着上班赚钱。

在群里妈妈们刷屏式分享学习资料的时候，我始终保持着沉默。树儿的韦氏智力得分，八岁上一年级的时候测试为 62 分。这个智商，在学业上基本是没戏的。要想混及格，普通孩子的智力下限是 75，要想上学不吃力，那在小学阶段需要 90 以上的智力。轻度智障的孩子要想在学业上不跟班里的普通孩子拉开较大距离，"拼爹拼妈"的程度可想而知。以树儿为例，她学习容易畏难逃避，学习速度也很缓慢，别人学一周，她起码需要一个月。

"你的情绪稳定，比她的学业更重要。我家亲戚里初中毕业的都没几个，不照样有的吃有的喝，读书不是最要紧的，生活能自理，性格好，长大肯干活才要紧。总有人扫大街，有人赚大钱的。"在一次我辅导数学作业崩溃，突然暴怒从背后将树儿"爆头"，树儿的眼泪吧嗒吧嗒掉下来，我无声哭泣被树儿爸撞见后，他安慰我。

一年级上学期过了大约一半，我和树儿爸达成一致，放弃让树儿能够跟得上全班末流学业水平的奢望。班上有些孩子和我公开表示了对树儿的羡慕。毕竟她不用背负学业压力，不用经历学习内卷的苦，不用放学就去托管班接着补习。她要写作业吗？她写作业你得盯着吗？她成绩这么烂怎么办？……孩子们比我还关心树儿的学业。一年级开学规则适应一个月后，孩子们就开始参加考试了。

学校秋游时，老师布置了"写秋游作文""制作落叶书签""画秋游画"三项秋游作业。孩子们分成三大组席地而坐。班里有起码 1/3 的孩子选择不起来玩，直接坐在野餐垫上完成秋游作业，尽管他们起身就是公园儿童游乐角的围栏。我作为家长志愿者，和带队的体育老师们一起，一个个劝说孩子们放下手头的作业，先去玩。小雨是其中一个不肯玩、只管咬笔头写作文的孩子。为了说服她起来去滑滑梯荡秋千，体育老师费尽唇舌。我看着小雨哭泣的脸，再看看围栏另一端老早就撒欢儿荡秋千荡得老高的树儿，才明白现在普通孩子的学业压力有多大。

但我始终没法做到在树儿的学业教育上完全不管，尽管自知跟不上班上最末流的节奏，我和树儿爸还是达成了一个共识：学业上保持对她的最低限度的期待，即要学会基本的东西、会拼拼音、会查字典、会读会写字（不是写作文）、会做加减法、会买东西找零。

于是一年级下学期，我向班主任小刚老师提出要求，希望树儿能参加考试。考多少分并不重要，关键是让她熟悉考试流程，并且不准作弊，知道作弊的代价。

"昨天语文考试，听说你拒绝考试，是吗？"

"是。"

"为什么？"

"语文老师太凶了。"

"考试考多少分不要紧，但得考，这是规则。"

"语文老师问我要不要考，我说不要。"

"那是语文老师跟你客气客气，你别当真。你没那么特殊，你挺普通的。你们班的孩子也没那么普通，他们也有特别的地方。"

"下回语文考试，语文老师问你考不考，你怎么回答？"

"考。"

一年级下学期第一次参加语文考试，全班都很好奇树儿能考多少分。成绩公布下来，她考了4分。班主任夸她字写得不错。

"哇，她居然有4分！"小郝好奇地过来打听分数。

"这回4分，下回考5分就是进步。"小宏说。

"阿姨，她考4分你开心吗？"送了树儿一块纸质钟表的小丽问。

"开心啊。我以为她交白卷，或者会违反纪律被赶出考场。"

我对树儿学业的这种纵容，让一些孩子感到困惑，甚至觉得不公平：为什么她可以不写作业，不参加考试？为什么她学习成绩这么烂，还是天天给她买零食吃，她都吃得那么胖了？为什么她每天就知道玩玩玩？我给出了一个正大光明的理由——因为她是轻度智力障碍，入学前办了残疾证，所以可以在学校免考。但这个理由，似乎更像是一个理直气壮免除我抓学业、经历盯作业痛苦的借口。我口口声声宣称"她学不起来的,她学得超级慢,只能慢慢来"惹怒了一些孩子。有个孩子,小汪,就坚信因为树儿是残疾人所以不用努力学习纯属一派胡言。

小汪是班长,一年级班级就像孙悟空的花果山,小汪时常需要扯着嗓子大喊来维持秩序,有一回早自习,她带头朗读课文,累到蹲下来说"你们能不能做个好孩子啊!"

"我们又不是你生的。"底下一波小叛逆。

"人总有脾气的嘛。"

"救救我!"还有一个戏精附体的孩子,扯着窗帘在假装悲伤。

小汪操碎了老母亲的心,站在讲台边吼:"课文,古诗词,生字抄写本,你们想读哪个?"

看着小汪忙前忙后的身影,我联想起自己上小学那会儿。当时我也是班长,走路也像小汪那样步履匆匆,到处发号施令,是班主任的心腹大将。不过,我喜欢小汪不是因为她很优秀,而是因为她爱玩,在班里跟谁都玩得来,能自由出入各种小团体。

孩子们每周体育活动课都得训练跳绳。树儿从幼儿园大班就开始练习跳绳了，后休学一年，2022年上一年级，跳绳前后练了快三年，仍旧不能连跳两下。我对她能学会跳绳不抱期待。但小汪不肯放弃，并且厉声教育我："阿姨，你不能放弃树儿啊！她跳得那么烂，会拖全班后腿的，必须加练！"

听了小汪的呵斥，我秒怂，把教会树儿跳绳的艰巨任务毫不迟疑地移交给了小汪。半节课的时间，小汪对树儿进行一对一特训，跳跃、甩绳、动作精准拆分教学，很是有教学天赋。为了解决树儿甩绳时手臂张得太大的问题，小汪还尝试了在树儿腋窝下夹东西的方法（尽管以失败告终）。她的教学对象树儿是一个注意力极容易分散的孩子，小汪从头到尾耐着性子，不时喊魂似的将思想开小差的树儿拉回正轨。她成了树儿跳绳的启蒙老师，一年级几乎每天都监督树儿打卡练习跳绳，为此我还编了一首跳绳打油诗："童年多美好，我会单脚跳。老妈不喊停，就撑到膝盖半月板散掉。"

如今，树儿可以每天跳绳300下，一次性连跳平均达到50下以上，还学会了单脚跳、车轮跳和开合跳。二年级体能测试，跳绳一分钟 116 下，我打心底感谢小汪，是她坚定了我一个信念——树儿是教得起来的。

不过，教得起来是一回事儿，教起来有多痛苦又是另一回事儿。

孤独症孩子上小学，假如有智力障碍，学业普遍是跟不上的。但如果选择彻底放弃学业，那可能到了小学高年级段，会导致更多的诸如厌学等问题行为的产生，变成毫无意义的混读。然而，盯学业，亲子关系就会变成相爱相杀，两败俱伤。我有时在想，应该将因辅导作业而受的伤纳入工伤保险的范围，或者开发一个盯作业险，将其纳入保险公司的理赔范围。我和树儿爸辅导作业，几乎没有一次是愉快结束的。而树儿又是个记性很好的孩子，甚至能记住她两岁穿的包屁衣的颜色和花纹，我们的每一次打骂，她都记得清清楚楚，记在心里的账本上——这可能是遗传，我小时候有一本田字格，上面密密麻麻地记满了"正"字，每一笔横竖都代表被爸妈或打或骂。有一回深夜，树儿失眠了，缠着我要聊天，我听得昏昏欲睡，一直到凌晨四点，小区树上的鸟都醒了，她絮叨的全是我何时何地骂了她。

她哭了，但她仍旧理不清因果关系，不知道她因为什么行为惹怒了我。

最难的是数学，我们怀疑树儿的计算逻辑思维压根就没萌芽。盯口算，我简直如同甄嬛附体，内心碎碎念"多年心血，终究错付"。但同时，树儿认真到我不好意思嫌弃她笨，只能一笑泯恩仇。每当情绪上头想发作时，我就默念"不要打头，不要吼，不要扔书，不要折断铅笔，作业总有盯完的时候"。家里还放着一堆没开封的蒙氏数学教具，不知何时能派上用场。

有一回，树儿爸反向操作，辅导数学作业时不停温柔地说："没事儿的，树儿，你就是学不起来的，以后别学数学了。"最终，树儿大破防，愤怒到一个人在自己的房间里猛练平时不敢练的舞蹈下腰动作。只听腰椎嘎啦啦一声，她完成了人生中的第一次下腰，我当时一度怕她腰部高位截瘫。那次之后，树儿爸就很少辅导她数学了。

2020 年，上了三个月孤独症康复班的逻辑课，树儿还是搞不懂 12345 反过来读该怎么读。2021 年，树儿会读54321 了，但问她 1 比 2 小，那 2 比 1 大还是小呢？她答不上来。2022 年，向树儿强行灌输大于小于的概念，让她背口诀"尖头朝小数，大头朝大数"，她晕菜了。2023 年上半年，每次辅导树儿 10 以内的加减法，我都强压住拿书砸她后脑勺的冲动。2024 年，树儿总算会算 20 以内的加减法了。她就像一只以年为单位的蜗牛，学习速度很慢。我思来想去，也许唯一能让树儿数学开窍的方法，就是她的数学老师是李栋旭[*]，并且上课时劲歌热舞 rap 口算方法和九九乘法表吧。

我时常带她泡朋友的咖啡馆，在咖啡馆里教她语文和数学。假如待在家里教，我怕自己忍不住发作，在外面咖啡馆落地窗外人来人往，算是有人监督。

"我想一个人做生意。"

"做什么生意？"

"我要一个人做咖啡生意，用粉锤压咖啡粉。"

"一杯咖啡你卖多少钱？"

"一块钱。"

---

[*]　李栋旭（Lee Dong Wook），1981年生，韩国知名男演员、主持人、模特。

"一天你打算卖多少杯？"

"1000 杯。"

"那你一年能赚多少钱？"

"一块钱。"

"你先好好学数学。"

随着我慢慢适应辅导学业，掌握其中的规律和技巧，我渐渐找到了树儿面对学业压力时她的心理能够承受的范围和程度，在我和她情绪都不崩溃的前提下，我坚持按照树儿的学习速度，每天都辅导她一点点学业。我意识到，辅导学业的过程其实也是消除家长的学业焦虑、直面孩子真实智力水平的过程。幼儿园毕业休学的那一年，我开始教树儿写字，花了一天时间她竟然写不出一个"天"字。四笔笔顺没办法连接形成一个方块字，一笔一画全散落在白板上。当时我内心最深处的恐惧——她会成为目不识丁的文盲——被唤醒了，我扔掉马克笔，砸了白板，猛拍她的后背。面对妈妈的情绪决堤，树儿隐忍地躲在一边，抱头无声地哭泣。

后来接近三个月的时间，我不敢教她写字，全权委托她的康复老师 Wing 在个训课上安排五分钟左右的时间让她练习书写。Wing 和我说，会写字首先需要手部精细、握笔力量足够，然后需要有较好的空间感。于是我们降低要求，不从写字而是从临摹线条图形开始打基础。事实证明，树儿会画画后，写字能力突飞猛进。我由此懂得了，辅导自闭儿学业得讲究科学规律，单靠狮吼功或威逼利诱只能增加自闭儿的畏难抵触情绪。辅导作业最难的点，不是题目本身的难度，而是让孩子克服对学业的逃避情绪。

数学老师私底下跟我沟通："你不要拿树儿和别的孩子比，你要让她和自己比，按她自己的节奏慢慢学数学，不能放弃。"她是个很认真的老师，批改树儿的卷子对她来说是"发现得分点"的游戏。我都能想象她拿着树儿认真地给每一道口算题目都打了勾（实际全错）的卷子哭笑不得的表情。树儿的真实学业水平大概是幼儿园中班，这就意味着根据小学课本来辅导是不现实的。我们得寻找课本以外的教学方法。

树儿学写字的事情给了我启发，我发现玩游戏、贴近生活实际的教学比较适合她。树儿参加温州医科大学星海公益夏令营时，大学生志愿者告诉我，她发现将语文课文谱上曲子，用唱歌的方式来朗读课文，树儿读课文会流畅许多。原来，树儿朗读背诵古诗文时采用的是运动记忆法，唱跳背诵。假如给每一篇语文课文都谱上曲子，她也可能成为语文学霸。为了提高数学成绩，树儿爸决定教树儿打麻将。

"什么胡法，一局赢最多？"

"四联杠。但那样很邪门，运气太好了。"

"运气太好难道不好？"

"天降横财，会死人的。"

别人家的孩子晚上挑灯练习口算，树儿和我们一起打麻将。她从最基础的摸牌学起，投骰子后，顺时针数，头家十四张牌，最后平挑两张牌，其他人都摸十三张牌。麻将的规则比较复杂，树儿对于规则的理解是在实际运用中通过试错慢慢学会的。我们每天晚饭后雷打不动打三圈，三个月后树儿就学会了打麻将的基本规则：杠、碰、顺子，而且赌运不错，清一色、对对胡都赢过。打麻将充分激发了树儿的胜负欲，随着麻将技艺的精进，她甚至初步学会了做大牌。树儿不喜欢八筒，嫌弃八筒丑，只要摸到八筒就会打出去，哪怕八筒有用。她喜欢红中，哪怕红中没必要留，她也会留住，她还说出了有点仓央嘉措味道的话："我喜欢红中，讨厌八筒，不管我讨厌不讨厌，八筒都在那里。"

树儿入学时韦氏智力测试得的 62 分里面，抽象复合理解逻辑运算是 0 分。出生就在另一条赛道的树儿要想进入数学的世界，需要很多工具，比如直尺、圆规、三角板、计算器。我们放弃增强她对加减乘除理解的努力——这些对她来说太难了——而让她直接改学使用计算器。这和教她打麻将同理：她花了两年时间，都无法理解"大于小于"的含义，但学会打麻将只用了三个月的时间。假如数学考试考打麻将，树儿应该能及格。

学麻将的经历印证了我的猜想：只要找到合适的方法，树儿还是具备一定的学习能力的。只是"因材施教"对她来讲太重要了，而树儿这块"材"的"教"不能用常规逻辑，得打破常规去琢磨才行。回到考试上，对于其他孩子来说，追求的是考试考高分。但对于树儿来说，她只要肯参加考试，不在试卷上乱涂乱画各种小人儿，能摸鱼式地把试卷答案填满，我就知足了。但我从来没想过，我会有一个像在电影里看到的那样，在考卷上画满飞机大炮、世界大战的小孩。我曾帮她擦作业本的涂鸦擦到手腕差点抽筋。对她而言，思考出题目的答案是什么，并且按照规定格式写出正确答案，实在过于抽象。

我甚至放弃了"不许作弊"的考试原则，改教她抄答案。独立找到对应的参考答案页，对应的练习题目，在恰当的位置抄写，对她来讲也是一种学习。而撇开三观不谈，考试作弊也考验勇气、情商（如何说服你的同桌给你抄）以及运气（如何不被老师发现和同桌是不是太讲原则）。别的孩子日积月累背诵古诗、抄写好词佳句，是为了写出高分作文，而树儿的目标则是学会抄课文，能有语序和空间感，逐字逐句抄对。为了方便她理解，我向她解释课文《人之初》："子不学非所宜，小孩不读书是不应该的。"

她回："读书是没有必要的。"

"玉不琢不成器，再好的玉石不经过雕琢也就是块石头，成不了美玉。"

她撑："我就是喜欢石头。"

在这种自带批判性的理解方式下，恐怕要学会正确阅读理解古文难于上青天。她理解问题的角度有时候的确异于常人，带有典型的自闭特征。我向她解释清明节是悼念亡者的节日时提到了死亡的概念："假如有一天，你一觉醒来发现怎么叫爸爸妈妈，我们都听不见了，也不会动了，你会做什么？"

"我就可以一个人玩拼图了。"

"爸爸妈妈死了，你会去上坟吗？"

"我讨厌爬山。"

辅导学业的"意外之喜"是树儿学会了更高级的逃避。在想方设法逃避学业这点上，树儿是无师自通的天才。"数学没意思，我想搭积木。""搭积木是空间建构，也是数学的一种。""那我不搭积木了，打麻将。""麻将也包含了数学的排列组合。"

去康复机构上个训课，假如上课内容较难，她会打岔问小张老师："老师，你什么时候去培训？"

小张和她混熟了，立马戳穿她的言外之意："张老师永远在这里。"

在家为了逃避写需要动脑子的作业，她会先发制人来一句"××和写作业，选一个。我要××（抄写生字、做家务、画画……）"。总之，选择一些她不排斥的替代任务去完成。

有时候，她的阴谋会得逞，因为我跟她爸会犯懒，她主动要求做家务，对于我们来说求之不得，这招对她爸尤为管用。教她擦桌子、扫地、折叠衣服、洗碗可比教学写作业简单多了，一旦达到树儿可以独立承包家务的程度，树儿爸就可以彻底实现家务自由了。树儿爸的逃避功夫也不弱，有一回让他辅导树儿科学作业，他"PUA"树儿："洗碗也是一门科学，该按压几滴洗洁精，一个碗需要多少水冲洗，都是有讲究的。"于是辅导科学作业变成了站在厨房洗水槽边教树儿洗碗。

总体来讲，树儿的学业进步很慢，但她一直维持着基本的学习兴趣，学习的畏难情绪没那么严重了，连数学也在缓慢地进步。我有一个长远计划，希望经过坚持不懈地辅导，树儿可以在六年级时有三年级的数学学业水平。然而，树儿在发现我嗓门有大起来的迹象时，还是会本能性地抱头。反而是树儿爸，会坚持在自己没那么累的时候陪她读课文、写语文作业本中难度中等偏下的题目，他之后还教会了树儿查字典，也算是达到另一个预期了。

在学业上确定了这种"躺了但没有完全躺平"的策略后，我还选择了另一条赛道："拼社交"。在树儿四年的康复时间里，树儿爸仅参加了一次康复机构的家长线下访谈。他全程沉默，最后康复老师 Wing 问他："你对树儿的康复有哪些期待和疑问？"

树儿爸问："她什么时候可以跟小区楼下的孩子们玩到一块儿去？"

"社交障碍是孤独症的核心症状，和同龄孩子正常玩耍交流是一个很高的目标……"

树儿爸打断了 Wing 的解释："没办法跟孩子玩，那我花这么多钱送她来康复的意义是什么？"Wing 被撑得哑口无言。

但后来树儿成了"社牛",这主要归功于树儿爸的坚定，当然也有康复机构在语言康复、情绪管理、社交能力培养方面持续不断的努力。虽然我和树儿爸都不太懂孤独症康复理论，但我们有一个朴素的想法：一个孩子从同龄人中学到的，一定比跟着大人学到的更多。会玩、肯玩的孩子，不至于太糟糕。

融入孩子们的社交圈

二年级第一学期开学刚一个月，树儿班主任小刚就和我说："树儿妈妈，你看，天气这么热，你坐在教室门口一整天也挺累的。树儿很乖，不需要陪读了，她要是出点小状况，我会处理的，真的哄不好我再联系你。"我立即答应了，但争取保留了可以自由进出校园的权利。接到最后通牒，我像获得出狱通知书一样如释重负，我与树儿的分离焦虑随着一年级整整一学年的陪读也逐步消除了，现在留在学校里对于树儿而言其实意义不大。班里孩子们的一个个小团体社交圈已经基本定型了。

回望一年级第一学期，新生入学适应的头一个月，我忙得焦头烂额，大部分的时间是在帮着照顾班里的其他孩子，不过更忙的是班主任小刚老师。孩子们刚从幼儿园毕业，许多孩子是 2016 年出生的，七周岁还没到就上学了，还不会系鞋带，不会收拾书包，记不住今天的作业是什么。孩子们去哪儿上厕所，去哪儿接水，都需要单独提醒。大学刚毕业的小刚老师对我吐槽："过完人生第一个教师节，我就想辞职了。"

如今小刚老师已经成了孩子王，下课一群男生围着他，有的还给批改作业的他捶背。小刚老师当时的口头禅就是"把你们全部打包退回幼儿园去！"班里淘气的孩子喜欢爬树摘李子（虽然校长在广播站三令五申地禁止），小刚老师怕孩子们上树摔了，就拿了根杆子把树上的李子一网打尽，分给了全班孩子。

也许是因为树儿肤色黝黑，脸颊印着两团高原红，大字不识，又爱疯玩瞎跑，在一年级新生入学时，小刚老师还以为她是来自贫困山区的留守儿童。他对我挺照顾的，一直说我不容易。后来误会解开了，得知树儿只是籍贯四川、在温州土生土长的城里娃后，也还是对树儿网开一面。即使树儿做错了，他批评时都会保持温和的语气。树儿哭了，他会叫一些女生去安慰她。但有时候这种过度包容的区别对待也会带来麻烦。比如，树儿发现只要自己哭了，就会有女生过来抱抱她，柔声安慰她，她就专挑午饭时间段假哭。

我当时遵守与校长的约定，只能陪读下午的课。我会在午自修结束后，牵着树儿的手在操场散步。树儿贪图热闹，总爱往人群里挤，尤其爱站在篮球架下看高年级哥哥打球，一边看一边笑得前仰后合。不合时宜地哈哈大笑，是她最明显的孤独症刻板特质，她恐怕很难学会笑不露齿、温婉矜持。为了解决她的怪笑问题，康复机构的老师们绞尽脑汁，也没能想出有效方法。怪笑结束，她还会附加一句"我看到××，我就笑"的自评。很快，她的怪笑在学校里传开了，大家给她取了个外号"笑神"。一直到现在都还有同学问我："树儿是在假笑吗？为什么不停地笑？"我统一回复："树儿的康复老师和我说，这属于不恰当社交行为，她就是个笑点又低又怪的孩子。"

为了解决树儿不分场合哈哈大笑到前仰后合的问题，康复老师小张曾支过一招——下载分贝仪，让树儿直观地感受到她声音的音量在哪个区间是不扰民的。并且在她哈哈大笑时，我要做出奥特曼"不行"的手势，替代口头禁止，通过视觉提示降低树儿不合时宜哈哈大笑的频率。也许孩子们会觉得校园里出现了巨型真人版的、频繁示意"不行"的奥特曼，这样一来会显得更奇怪，也可能树儿会喜欢上分贝仪游戏。尽管可能有副作用，还是值得我们尝试。后来实验失败了，不仅她看到奥特曼禁止手势哈哈大笑，"笑之病毒"还有蔓延扩散之势。

"不恰当社交行为"是孤独症康复领域的一个专业术语，我第一次听说是在 2021 年。我被告知树儿在康复机构里踢一个小朋友小菡，踢了好几次，对方家长很恼火，需要我去道歉。当时我先向树儿求证，她承认自己踢了小菡，是猛地抬高腿踢了她三次。小菡是一个个头迷你、能说会道、规则意识较薄弱、对幼儿园的集体环境适应得不太好的孩子。我心想，小菡被树儿踢中，怕不是会挂墙上了。于是和树儿爸商量，先去道歉，然后协商赔偿费用，并要求对方出具医院的治疗费用清单。但我之后和 Wing 了解情况，才知道树儿的确在小菡面前踢腿踢了三次，但并没有踢到她。当时树儿正在学舞蹈基本功"搬盘腿"，她会不分场合地练搬盘腿，比如去便利店排队无聊了会突然向上一飞踢。所以真相可能是，树儿刚学会了搬盘腿，想引起小菡的注意，在她面前炫耀舞技。在机构的休息室，我向小菡妈妈从头到尾道歉了大约半个小时——中途我觉得小菡妈妈的情绪激动得有点不可思议，还露出了困惑的表情，甚至一度笑场。

小菡妈妈的话以及她那惊恐、愤怒、委屈的眼神令我至今难忘："这就是赤裸裸的校园霸凌啊！我女儿那么弱小，哪禁得住你女儿的一脚。我们是弱势群体啊，你不觉得你女儿很可怜吗？她康复的时候你去哪里了，为什么不陪着？她是下了课冲过来踢我女儿的，这种行为很恶劣、很粗俗，男孩都没这么鲁莽。我女儿这几天晚上睡觉都失眠了，说她害怕。你女儿给我女儿幼小的心灵造成了巨大的伤害。"

Wing 在一旁打圆场，和小菡妈解释，树儿这属于非常不恰当的社交行为，并且有人身攻击的危险性，的确是她做错了。但小菡妈认定树儿是校园霸凌者，我是不负责任的妈妈。Wing 叫来了树儿和小菡，树儿道了歉。这个小插曲，还被编入了社交集体课的课程内容，作为实际案

156　　　　　　　　　　　　　　　我在普校小一陪读的一年

例在上课时被讲解。事后，另一些妈妈私底下和我说，小菡妈妈是出了名的护犊子，很不好惹。这起乌龙事件让我意识到，树儿需要学会用合理的行为去打招呼，去引起对方注意，而我也不能太护犊子，否则在家长中会处于被孤立的状态。妈妈被边缘化以后，孩子可能会受到妈妈连累，也被边缘化。

那时，树儿每天只去学校上下午半天的课，而且有我陪，她不像班级的一分子，更像是班级里的客人。同学们对她的态度比较暧昧，大家对她观望了较长一段时间，得出结论：她是个长得超大只的（比班里许多孩子高出一个头，体重则是他们的 1.5—2 倍）、人畜无害的、笑点不可捉摸的巨婴。有的孩子讨厌她的怪笑，觉得那是持续不断的噪声污染；有的孩子则被她治愈的笑容传染，也模仿着开怀大笑；还有的会去统计她的笑点，找出笑点开关，然后不停按开关逗她，验证数据的准确性。

整个一年级，树儿大多数时间都是上课一条虫，下课一条龙，说自己是"玛卡巴卡"（《花园宝宝》角色名）或"小波"（《天线宝宝》角色名）。"玛卡巴卡 / 阿卡哇卡 / 米卡玛卡/嗨～～玛卡巴卡/阿巴雅卡/伊卡阿卡/嗨～～"课间，她经常哼着《花园宝宝》之歌，手舞足蹈。有一回室内操时间，班里几个女生和她梦幻联动了，齐声念起了《花园宝宝》歌曲的快乐咒语。

班主任小刚对每一个孩子的行为规范要求都有点严苛（也可能是我习惯了树儿的低生活自理能力，觉得小刚对一年级小朋友的生活自理能力期待太高），唯独会放树儿一马。树儿曾偷偷带了儿童化妆箱，在上课的时候抹口红、涂指甲油、刷腮红，放弃追求高难度的知性美，执着于外表美。她的放飞自我踩到了我的底线，我和小刚老师提要求，希望他能一视同仁，除了学业不做硬性要求，其他方面请他对树儿严格点。这个意见被小刚老师采纳了。从小刚老师开始批评树儿的那一刻开始，她才真正从班级的客人转变为班级的一分子。

一年级结业典礼，要求学生自评。树儿不会写，小刚老师便代笔"我是个爱笑的女孩，希望我能永远开心"。同学们评价："树儿同学，我知道你很活 pō。"

树儿还"不打不相识"地交到了一个朋友——小萱。

小萱在一年级第一学期的时候经常抢树儿的玩具，抢到后撒腿就跑，引诱树儿去追她。胖乎乎的树儿追她，没跑上几步，便就此作罢。我当时问小萱，为什么老是去抢树儿的玩具——没有据为己有，也没有偷，就是明抢？小萱说："我想让她跑起来减减肥。"这个答案，甭管真假，让我原谅了小萱。针对玩具反复被抢这事，我教育树儿，一定要保护好自己的玩具，如果被抢，哪怕夺不回来，也要尽全力去拼命追。

"下回小萱再想抢你的玩具，先口头警告，这是我的玩具，你想玩得问我同意不同意，我不同意，你不能抢。"

慢慢地，树儿勇敢起来，她敢去和小萱争夺原本属于她自己的玩具了。有一次树儿用力打了小萱腹部一拳。小萱突然吃了一记重拳，恼羞成怒地喊起来："你再打一拳试试，看我不打死你！"趁事态恶化前，我及时出面制止了。

小萱的妈妈是精神科医生，所以小萱小小年纪就懂得很多医学常识，她也是班里为数不多能够用科学的眼光看待孤独症患儿的孩子。在她眼里，树儿和她不一样，但树儿不是傻子疯子，树儿生了一种叫孤独症的病，这个病可能是遗传基因导致的，目前世界上还没有发明出治愈这个病的药。

对于树儿的人际冲突，我一般遵循一个原则：先不插手，让孩子们自己解决，然后听双方的解释，再找第三方求证，在大致了解情况后再介入。我希望树儿能相信，假如真的是对方错了，妈妈不会尿，不会因为觉得自己的孩子低人一等就妥协隐忍。同时，我也希望其他孩子能相信，树儿妈妈不是一个极端护犊子、不讲道理的妈妈。在树儿的学校社交中，我扮演了"陪同翻译"的角色。她的一些不恰当社交的肢体语言和口头语言，经过我的翻译变成了孩子们能理解的话。一般情况下，我都不去发挥翻译作用，过度翻译、解读也可能曲解了树儿的本意。有时候我也不理解树儿到底为什么突然情绪炸锅，我会和孩子们站在一起看着她哭闹不休、胡言乱语，一起猜可能导致她情绪崩溃的原因。

孩子们交流有他们自己的语言，我尽量隐形透明，让树儿去适应孩子们的社交规则。二年级撤出陪读后，树儿就独闯"普通孩子社会"了。在混"普通同龄圈"的时候，树儿凭借她心智偏弱的特点获得了两个比她小一岁半的"大姐"（小言和小洋）的保护，她们平时会罩着树儿，也会和我及时反馈树儿的在校情况，包括但不限于树儿是否捣乱了，午饭有没有好好吃，上课是否遵守纪律等。这些反馈以精准吐槽为主，但假如有人欺负了树儿，她们也会义愤填膺地跟老师告状，要求"严惩不贷"。不过，在"被欺负"的问题上，与其他孩子间有来有往的打闹不同，我必须直接出面。

比如，二年级的一些男孩子发明了整蛊游戏，戏弄女孩。树儿是他们最爱戏弄的对象之一。因为树儿有智力障碍，很难精准理解对方的话是嘲笑讽刺还是赞许鼓励，所以经常中招。男孩会让她重复："树儿你学我说，我是大傻×。"或者他们看哪个孩子不爽，就让树儿去传话说："×××是大傻×。"包括罩着树儿的小言和小洋在内的班里有正义感的男孩女孩就会和我打小报告，告诉我树儿被整了。我在得知后就和树儿说，"傻×"是一句脏话，任何时候都不准说"我是傻×"，并且让树儿以后拒绝玩这种传话游戏。希望她未来经过康复能够分清，谁的话是善意的，谁的话是恶意的，不要给人当猴耍，也不要给人当枪使。

我向小刚老师反映情况，话音刚落，平时慢吞吞的小刚老师拔地而起，马上就去找了"传话"游戏发明者谈话。之后，班里的小郝还提醒我，一定要给树儿找一个"靠山"。调皮的他从不"欺负"树儿，因为他觉得树儿就像幼儿园中班的孩子，欺负她也太没品了。

其实，我能理解在小学低年级段，孩子们爱说脏话，是因为想借此来突显自己的独立和与众不同，有时候孩子旺盛的生命力的确需要一个发泄口。但我不希望我的孩子是被骂的那个，也不希望她是说脏话骂人的那个。我希望就算有一天，她成了飙脏话的大人，也仅仅是为了在吵架时自卫。

这种小孩子之间的捉弄尚在我的接受范围内，对于树儿上学，我们最害怕的其实是她遭遇校园霸凌。假如遭遇了，树儿既没能力当场自卫，又不懂得求助、找老师告状，回家也不跟父母说，那她可能会遭受较大的精神创伤。树儿的传话准确率并不高，有一回问她学校里发生了什么新鲜事，她说小汪被关进了屈臣氏。后来我向其他同学求证，才明白是被关进了器材室。孤独症的孩子，进入青少年阶段后，其成长有 70% 左右会伴随一种及以上的精神障碍。假如他们不懂得向外沟通，就可能向内自我攻击，甚至自伤自残。我和母亲都患有双相情感障碍，两系三代人中有人患双相情感障碍时，子女患此病的概率要高于其他人。因此，树儿患双相的概率是较高的。我一直坚持陪伴树儿去康复机构康复的主要目的之一，也是教会她去与外界相处。这样，哪怕将来她也确诊双相了，也可以与自闭双相两个病共生，把病情尽量控制在最低程度。

树儿爸在怕女儿遭受霸凌这件事上焦虑情绪最严重的时候，曾和树儿说："任何人约你去天台，你都不要跟他/她上去。假如在学校出了危险，你要找班主任，找校长，找保安，打电话给爸爸妈妈，打 110。假如学校也保护不了你，马路对面的中学有个派出所岗亭，你就过去向警察叔叔求助。"他还要求我带树儿去多走几次"逃生路线"。现在想起来，甚至有点啼笑皆非，如今树儿已经学会了打电话手表、打校内公用电话、刷电话卡，学会了回家和我们说学校里发生的事情，学会了在有男生要摸她的隐私部位时，大声尖叫说不可以。关于自我保护，她需要学的还有很多。比如，学会告状、吵架、和人争论、为自己辩解、掌握基本的防身术。她是个遇到冲突就习惯性逃避的小尿包，要激发出"正面刚"的亮剑潜能，还有很长的路要走。

我陪读的目的之一也在于社交，希望通过搞好和学生、家长的关系，为树儿创造一个包容、宽松的外部环境。我会为其他家长做点力所能及的事，比如给他们的孩子带遗落在家的水壶、作业本，为家委撰写班级活动通讯稿等，来给家长们留下个好印象，让他们觉得树儿妈妈不是一个刺儿头，还是比较好相处的。我曾听说一些自闭程度比较严重的孩子，没有陪读，他们的父母在家长群里可能应激反应过度，导致最后被踢出了家长群。

讨好家长，的确让我在班里家长中收获了好人缘。但讨好了家长，并不意味着就间接讨好了这些家长的孩子们。反之，我对他们的孩子好，他们会感激，但也不太可能硬性要求他们的孩子去主动关心树儿，与树儿交朋友。孩子之间的社交是平等的，孩子们有孩子们的小社会，功利因素相对没那么重。

但班里也曾发生过两起"功利社交"事件，小澄答应小萱，假如跟她玩，就送一支玩具笔给小萱。小萱与小澄玩了，但小澄没兑现承诺。小萱去质问无果，就和小澄打架。小非想加入小澄的小团体玩，小澄索要了一份小礼物，但小非第二天忘带了，小澄觉得小非不守信，就扬言要联合团体内的孩子孤立她。小非焦虑了，催着妈妈去买礼物。由于功利社交事件，我曾一度对小澄有看法。但后来慢慢地我发现了小澄的可爱之处：她喜欢投其所好地送大家礼物，她很会画画，还送过好几幅自己画的公主画给树儿——全班女生都知道，树儿是"公主病"末期患者。

我自己也在班级里做过"功利社交"的蠢事。当时，我把自己幻想成了圣诞老人。与只给乖孩子送圣诞礼物的圣诞老人不同，我是奉行"平均主义"的上帝版圣诞老人。我囤了许多日本进口的丸川综合什锦水果口味的口香糖，一个小纸盒里有五小粒，四盒15元。一人分一小盒。孩子们每天都期待我出现，伸手要口香糖："我要橘子口味，不要草莓味的。""阿姨我能要一盒葡萄味的吗？""阿姨，我不要酸奶味，请给我草莓味的。"……孩子们的要求层出不穷，一放学我就被堵在教室门口，而树儿早就开溜了。

"分发口香糖事件"愈演愈烈，最终我甚至得罪了部分孩子。因为没能记住全班孩子的名字，加上脸盲，有时我会重复发，有时会漏发，无法做到轮流给每个孩子一周发到一次：一周五天，每天轮九个孩子。这个行为也同时得罪了老师，因为总有孩子不遵守约定，在校期间偷偷吃口香糖，吃完了吐得到处都是，班级地面上粘着许多嚼过的踩上黑鞋印的口香糖胶。最终小刚老师严正声明："树儿妈妈绝对不会再带口香糖来班级！"我也在全班孩子的面前道歉，表示自己违反了学校不准带零食进校的规矩，犯了错。"口香糖讨好"计划失败了，孩子们是聪明的，他们知道我的动机不纯——用口香糖讨好他们，换取他们对树儿好。两周时间内我花了360元买口香糖，这笔钱当然不能班费报销。

陪读的一年里我最大的收获，就是让树儿可以在学校不被彻底边缘化，成为房间里的粉色大象被无视。目前，她能较好地控制自己的情绪，没有暴力倾向，不会去主动攻击其他孩子。正常情况下，假如不出现后续因为学业大幅度落后而厌学，或者因为性和其他的羞耻感较薄弱而出问题——她至今对屎尿屁兴趣盎然，我们花了不少精力戒掉了她偷看屎的瘾，告诉她上厕所是很私密的事，不能偷看；谁放了屁，她也会第一时间指出来。目前我们还只是训练她到公众场所不准当众揭穿谁放了屁，需要再接再厉——那么她能在学校独立混完剩余几年，是希望较大的。社交障碍是孤独症的核心障碍，彻底攻克很难，但弱化是可以做到的。

"只要她在学校能交到一个朋友，她就不会孤单，就能混得下去。"树儿爸始终认为，社交比学业更要紧。

"她和我们不一样，但是没有关系"

班上有一个特殊小孩，而且这个孩子会和其他普通孩子们共处六年，对于其他孩子来说，这意味着什么呢？也许除了被迫接受还能产生更多意义，起码这个班上的孩子会知道"她和我们不一样，但是没有关系"。

一年级时，好奇心很重的小盛会隔三岔五地问我有关孤独症的话题，他瞪着清澈的小鹿眼问："树儿是疯子吗，是傻子吗？"我收敛起略微被"疯子""傻子"等字眼刺痛的生气表情，尽可能语气平和地和他说："树儿不是疯子，也不是傻子。她是个心智发育迟缓的孩子。简单地说，她有点笨笨的，学东西速度比你们慢，还有点幼稚，她长大的速度也比你们慢很多。小盛，阿姨和你说，疯子和傻子是骂人的话，正确的叫法是精神障碍和智力障碍人士。"小盛被我严肃的气势震慑住，那以后再也没从嘴里飘出疯子或傻子之类的词。

后来三年级的时候，树儿在学校小操场树林里把宣传板弄坏了，被小刚老师批评后，她连续在学校吃中饭时哭了好几天——树儿有情绪延迟的问题，会反复对创伤事件回忆酝酿情绪。小盛还特地交代我："阿姨，你不要骂树儿，她后来去小树林想把宣传板修好。千万别骂她啊！"

树儿在享受融合教育 / 全纳教育的好处的同时，其他孩子们也接受了生命教育，他们潜在的包容、关心等能力通过观察树儿、与她相处、保持边界感、适当忍受她的"骚扰"、主动表示友好等方式被激发出来。

陪读一年后，我基本上不担心树儿在班级内遭遇校园霸凌了，反而担心她因被过度包容而摆烂。课前准备该拿出哪些书，"小妈"（班里一个生活自理能力强，会照顾人，收纳功夫一流的女孩的绰号）会提醒她；忘带餐具，总会有同学淡定地拿出一次性筷子送给她。在家都过不上饭来张口、衣来伸手的日子，在学校倒过上了。

一年一度的学生体检，打针验血环节，树儿情绪酝酿了很久。"打针很疼的，你打完针，你去扎医生，让医生也疼一下。"小郝鼓励树儿有仇报仇。其实他自己打针前也很紧张,默默安抚自己的情绪,轮到他挨针时,他眯缝着眼偷看医生怎么扎针,哭得比打雷都响。树儿和小郝的友谊疑似因为怕打针而升温了,尽管事后很快被打回原形。

打针时,树儿长达近半小时的焦虑和哭泣还引发了绰号"侦探妹"的小女孩的好奇心,她得出结论:"她怕的不是打针那一下的疼痛,而是打针前不知道什么时候扎进去的恐惧。"轮到侦探妹打针,医生摸不到她手臂的血管,摸了一会儿放弃了,还抽她手腕的血。她闭着眼从头哭到尾。

"树儿妈妈,你不要什么都帮她做,你让她自己穿轮滑鞋,她长那么大个儿,让她自己拎轮滑包!我妈说了,你别管她,她自己就会干起来的,她就能独立了。假如她不做,你别给她吃糖,一颗也别给。"小言看着蹲在地上帮树儿系轮滑鞋扣子的我大吼。

已经有轮滑基础的小言经过观察,发现树儿不敢在轮滑时把脚抬起来。"脚不抬起来滑,她永远也学不会的。她如果一直怕摔,你还不如带她去跑步,跑步也能锻炼身体。"一年级上学期轮滑课，我陪读时帮着带班上六个报名这节课的孩子。对于一年级小朋友来说，能轻松自如地穿好轮滑鞋需要在家反复训练。轮滑包很重，孩子们背着只有单边把手的轮滑包，一边肩膀犹如泰山压顶般不堪重负。

小言的话，我后来反复咀嚼许久，思考那句"你别管她，她就能独立了"的合理性。也许我适当放手，树儿会进步更快。总有一天她得自己一个人看红绿灯、过斑马线。在我安心放手前，得教会她看红绿灯指示以及留意来往车辆。基本技能一项项掌握，再串联起来，才能应对一些复杂事件。

我在陪读树儿的同时，也在观察其他孩子们：小操场有孩子发现了残缺一角的窨井盖下有松鼠冒出头，于是许多孩子轮滑滑到一半，便蹲在那里守株待兔。但松鼠很机灵，没露面。学校小操场种植了不少笔直的杉树，树下经常有掉落的果子，小诗和小言是动植物爱好者，小言送过小诗凤蝶蛹。她俩经常拜托我用"形色APP"*不停地拍植

---

* 一款识别植物的APP。

物照片，寻找正确的学名，比如墨西哥落羽杉和水杉。小城下课跑到小操场的桂花树林摘桂花，头发上粘了丹桂，甜丝丝的。有一回他还辣手摧花，摘了一小株乌蔹莓送给树儿。科学课画树叶，小城搜集了一袋不同种类的叶子，慷慨地分给同学们，我从他那儿顺了三片给树儿。轮滑课做比耶手势的女孩，小名叫汤包。我一直记不住她的大名，连小名也经常叫错，汤汤、包子、肉包？她发现我记性不好后，便主动帮我降低难度，说："阿姨，你记住我小名就可以了，我叫汤包。"我脸盲的秘密被发现后，树儿班里的孩子和我玩起了猜人名游戏，我想偷偷瞄一眼他们的校牌暗戳戳记住名字时，他们便会赶忙用手挡住校牌。

我的脑子里记住了一连串可爱的名字：小汪、小言、小萱、小蕊、小雨……我在有幸陪读一年的时间里，亲身参与陪伴了全班四十五个孩子的成长，耳闻目睹了许多趣事，窥探了小孩的世界，感受到孩子的喜怒哀乐。普通孩子也没那么普通，特殊孩子也没那么特殊。回想起一年级上学期入学不久的时候全班拍下的第一张集体照，孩子们分成三排，第一排蹲，第二排站，第三排坐在讲台上，每个人都保证露出脸来，光这个安排就整了半个小时。中午阳光暴晒，孩子们各自心怀鬼胎，有的低头若有所思，有的做动作搞怪，有的东张西望，全班只有一两个能够冲着镜头端庄微笑的。我半蹲着按下快门，欣慰于孩子们这种集体性的、活泼好动的原始状态。

全班给我留下最深刻印象的是摘桂花的小城，我给他取了个绰号"牛奶暖男"。一年级开学的第一天我就发现了他的不一样。安排座位时他拒绝换座位，被小刚老师数落了一顿。小城很聪明，很快就摸清了学校基础设施的基本情况，哪里上厕所，哪里取水，各科任课老师的办公室在哪里，校长办公室在哪里，他都凭一己之力搞清楚了。午餐后他在学校四处溜达，意外摸进学校仓库，打碎了一个装了水蛇标本的玻璃瓶。他把水蛇放到教室里，引发了第二次恐慌尖叫。而第一次震耳欲聋尖叫的出现，是班里突然爬出一只卡夫卡《变形记》里那么大的蟑螂的时候，当时班里地上、墙角都流淌着免洗外科手术消毒凝胶，孩子们企图用消毒剂杀死闻风而逃、杳无踪迹的大蟑螂。

上课铃声快响了，小城逆人流而上，带我去了学校黑漆漆的仓库，然后不讲义气地逃了。小城还经常和树儿全程没有语言对视地突然哈哈大笑。操场上，小城跑开，树儿在后边笑靥如花地追，被风呛了好几口，咳得满脸通红。小城还因调皮玩升旗的绳子时，不小心降了半旗而被学姐"押解"到校长办公室。他最喜欢画轨道交通，几乎每天午休都要画一张轻轨、火车、飞机等交通运输路线图，画面上线路错综复杂，细节到位。树儿也喜欢画画，不过倒不是每一幅都能博得喝彩——"嗯，你画的老奶奶扎了丸子头，可爱又慈祥。""什么啊，这是美术课老师让我们画的牛。"听到我夸树儿的画，她座位前排的男生语气里的鄙视掩饰不住。

小城的耿直和树儿有得一拼。我私底下给他和树儿组了一个CP"钢铁组合"（直男直女）。小城送了树儿一瓶牛奶，树儿当场拒绝："我不爱喝牛奶，我要酸奶。"我叫树儿回礼，树儿挑了一块篮球运动员库里的橡皮擦送给小城，小城拒绝："我都用4B橡皮擦，4B擦得最干净。这块不是4B。"直来直往的两人关系始终很不错，三年级时小城的弟弟出生了，他邀请树儿在他弟弟过一岁生日时去他家。这也是树儿人生中第一次受邀参加生日派对。

在孩子们的眼里，树儿有点奇怪：花痴——经常冲着高年级段的大哥哥大姐姐傻笑，想去牵大孩子的手；黏人；自恋——认为自己是唯一的公主，我花了好久才让她明白，或者说被迫接受，世界上不可能只有她一位公主，所有的女孩都是公主。为此她默默背诵了大半个学期"不可以只有我是公主，ABCDE都可以是公主"。树儿哭笑的原因、情绪的炸点，对于孩子们来说是一个谜。虽然猜不透她的心思，更不可能未雨绸缪，但有几个暖心的小孩会在她哭的时候轻轻拍她的背，默默陪着她哭完。不仅是树儿，她的全班同学每天都身处大型融合教育的实验现场。由于树儿的存在，班里许多孩子学会了"读心术"。一年级第一学期，树儿午休过后才到学校，她的课桌上经常会出现一幅小画，一枚贴纸，一瓶牛奶，一个午餐分发的水果，这些都是孩子们送给她的礼物。

在不少同学的眼里，我也算是个怪胎，甚至有时候比树儿更怪。由于常年服用双相药物喹硫平而嗜睡的关系，我早起困难，经常顶着鸟窝头就出门了，也来不及给树儿扎辫子。一年级体育老师看不下去，戴着麦克风冲我隔着操场喊："你给她把头发扎起来啊！"一声令下，我火速跑到校外小卖部买了橡皮筋给她扎马尾辫。

我的不修边幅也被纠正了过来，小蕊和我说："阿姨，其实我暗暗观察了你很久，我一开始以为你是男的，头发那么短，长得那么魁梧，我在想你是爸爸呢，还是妈妈呢？后来我跟你说话，听声音才知道你是妈妈。"陪读就像上班，为了给学校老师留下个好印象，让树儿同学不会回家跟爸妈说树儿妈妈好奇怪，是个邋里邋遢的阿姨，我开始注意仪容仪表了。

孩子们信任我，我成了老师之外的一个可靠的大人。小盛找我告状说，小胡老欺负他，我没过脑子直接提议，让小盛找个帮手，二打一打回去。这次信口开河，让我多了一个凶神恶煞的名声，树儿妈妈会打小孩的小道消息不胫而走。在班里，我替代了警察，成了有震慑力的口头警告人物。比如威胁一句"再不还给我，我就要告诉树儿妈妈了"，抢东西的孩子会立马把东西如数奉还。

小郝在操场捡到图钉，打算吓唬女孩，被女孩们告发了。我和他聊了聊这个恶作剧："你拿钉子打算干吗？想吓唬人还是钉人啊？你钉自己，算自残。吓唬人，对方被钉到，算伤害他人。吓唬人，被对方反制，那被钉的是你。"

"那……我钉橡皮擦算了。"

上学与康复

　　孤独症早就被列入了国家特病医保目录，但真正能在全国范围内的一些省市普及推广刷特病医保，则是 2023 年以后的事了。截至 2022 年的政策，一个孤独症孩子 0—6 周岁可领取最高一年 46000 元的补贴，如果选择缓学（一般经教育局批准，可缓学一年，特殊情况可以延长至两年），补贴最长可领取至八周岁，一旦上小学则自动丧失补贴领取资格。2023 年，经过全国人大代表多年来坚持不懈地反复呼吁和提案，孤独症康复的部分项目被纳入了医保。另外，为了减轻大龄孤独症青少年家庭的经济压力，浙江省 2022 年还推出了针对低保低边家庭的孤独症孩子的政策，每个孩子可以享受每个月最高 2400 元的康复补贴，一年最多领十个月，至年满十八周岁为止。也就是说，2023 年之前上小学的孤独症孩子，假如想在上学后坚持康复，需要自费。对于低收入家庭来说，康复费用占家庭支出比重实在过高。"花钱买命"的潜规则在孤独症康复领域同样适用，低收入家庭的孤独症孩子假如没补贴、没医保，很难获得足够的康复服务。

当时政策一出台，孤独症家长群里就炸锅了，因为群里有很多孩子已经上小学了，丧失了领取补贴的资格，长期的康复费用支出令许多家庭不堪重负（就温州市场价而言，保持有效的最低频率的干预，一个月需要两三千，高密集干预至少需要六七千），家长们纷纷"献计献策"，想着怎样钻政策的空子，去社区把低保户低边待遇办下来。当时我也去社区打听，社区工作人员拿着计算器猛按，算来算去，我家都不够格评低保。虽然当时我一家四口人里面，母亲因双相情感障碍住院多次，2021年又确诊了阿尔茨海默病初期；树儿被评定为精神残疾三级；我无业。

"你有没有办法去办一个残疾证？假如你成了残疾人，你家两个残疾人，那这边可以打擦边球帮你办低保。"社区工作人员出了个听上去有点荒诞的主意。

"精神残疾最轻一级的可以吗？你看我四肢健全，怎么看也不像肢体残疾的。"

"精神残疾挺难评的，一旦被评上精神残疾，就自动认定为丧失劳动力，你能办到吗？"

"我尽力去试试看。"

"祝你好运。"社区工作人员的笑容看上去很真诚，谢谢她这么卖力地帮我想法子。

我有三年以上的精神类药物服用史，门诊病历保存完整，并享受着国家重大情感障碍特病医保待遇。这样的"履历"让我看到了评定精神残疾四级的希望。多领一本残疾证，树儿就可以享受每个月2400元的补贴至十八周岁，这笔买卖稳赚不赔。认识的精神科医生传授了"经验"给我："去评估前，提前几天不要洗头，衣服和包都脏一点，眼神不能过于灵活，语速放慢，最好有点语无伦次，家属陪伴时最好和他当面发生争执，情绪爆发，放声大哭……"于是，我提前用橄榄油、酱油、马克笔等工具把衣服刻意弄成"自然脏"，忍了一周不洗头，去医院碰到树儿的康复老师小张，她哈哈大笑："树儿妈妈，服化道可以的。你'加油！'"但在评估时，鉴定专家一问，得知我没有精神病院住院史，便斩钉截铁地对我说："没住过精神病院的，一律评不上。"精神残疾梦碎。这段狗血的经历，一段时间内成了群里分享失败经验的谈资。

树儿上小学后，一开始树儿爸并不愿意她继续去医院康复。"小时候救一下，现在都这么大了，定型了，没必要再康复了。有钱就去康复，没钱就算了。"树儿爸的想法，在现实孤独症家庭中不在少数。这跟孤独症康复市场贩卖"0—6周岁黄金干预期"的焦虑有关。孤独症作为一种未知发病原因的神经系统广泛性发育障碍，以目前的医疗技术来说，属于无法治愈的绝症，孤独症患者的康复干预，理论上讲需要全生命周期的支持。大龄孤独症青少年的康复需求与日俱增，但市面上做大龄孤独症康复的机构比较少。原因很简单，孩子越小家长越舍得砸钱救，孩子越大，干预康复难度加大，费用偏高，家长肯花钱且有经济条件负担得起长期救治的并不多。

有一天，我接到了残联负责发康复补贴的工作人员的电话，她一口一句抱歉，跟我说由于工作统计失误，八月份多发了一个月的康复补贴给我。挂了电话，我马上决定微粒贷借款退还残联对公账户 3600 元。新冠疫情三年，整体经济不好，财政吃紧，政府发补贴有时候是断断续续的，许多等着领补贴康复的家庭等得心焦，在补贴申领群中频频追问。当时我单方面决定，没了补贴就想法子抠出钱来，降低康复次数，维持最低康复频率，继续在上小学期间坚持康复。因为我知道，上小学对于树儿来说是全新的挑战，她的问题行为可能出现短暂性的井喷式爆发。

康复陪伴是一场长跑，拼的是耐力和后劲。陪读期间，我仍旧处于全职带娃状态，接送时间自由。

"你还想去医院见到小张老师吗？"

"想。"

"那我们约好，不要告诉爸爸，我每周周二和周四带你去见小张老师。康复太花钱了，我们没有钱，所以爸爸不想出康复费了。假如被爸爸发现你去康复，你就再也见不到小张老师了。"

"不和爸爸说，见小张老师。"

在对自己有利的事情上，树儿的脑子转得比较快，脑子里的天线会突然搭通。树儿是个小话痨，每天喋喋不休，重复说话。但她严格保守上学期间偷偷去康复的秘密，一次也没有说漏嘴。每次树儿爸问她"今天都去哪儿玩了？"我心就提到嗓子眼上，生怕她泄密了。二年级上学期，树儿有了电话手表，电话手表自带定位功能，和家长手机绑定。为了防止泄露行踪，我经常让树儿故意忘带手表。树儿为了每周能见到喜欢的康复老师，也都乖乖配合我瞒骗她爸。

2023 年 3 月，树儿的一幅画《斯万堡的餐厅》经她所在的康复医院选送，被温州天爱公益协会看中，参与支付宝心智障碍儿守护计划的自闭儿画作公益拍卖。4 月 2 日，国际孤独症日，这幅画被挂在支付宝蚂蚁庄园售卖。当时我笑称，八岁出道做公益了。由于这个契机，树儿获得了温州天爱公益协会的资助，有了每个月 3150 元的报销额度。树儿的实际康复费用是每个月 2000 元。这意味着在和天爱签订的受捐助合同有效期内（合同有效期一年，是否续约待定），树儿可以享受免费康复。获得捐助的前提是，我同意按照合同约定，与树儿一起出镜参与天爱有关孤独症公益项目的拍摄，并全权授权天爱在各大视频平台不打码播出。

　　每周二和周四上午，树儿都会在学校消失不见两节课。一直对树儿挺感兴趣的小非问我："树儿去哪儿了？"我和她解释，树儿需要接着在医院康复。

　　"康复是什么意思？"

　　"树儿会在医院上一对一的课，康复老师会教她一些语文数学知识，也会和她玩游戏，教一些社交常识规则，还会和她聊聊学习生活，帮助她解决上学和在家里碰到的问题。"

　　孩子们习惯了树儿的消失，全班都知道树儿同时在上两所学校，一所是他们所在的小学，一所是某个康复中心。

　　树儿的新康复老师小张是一位有包容心、爱动脑子、活力充沛的老师，她算是 Wing 的学生。在两任老师的合力干预下，树儿取得的进步堪称达到了质的飞跃——语言行为能力达到了六周岁普通孩子的水平（她的实际年龄为九周岁），会察言观色、识别各类情绪，并能部分表达自己对具体事情的直观感受，有较强的规则意识，社交主动性较强，基本能生活自理。她被当作医院康复中心的成功教学案例、活招牌推广，变相为康复中心招生出了不少力。

自 2020 年开始，由 Wing 带头，后交接给小张，我们坚持围绕主题和自由聊两种方式，对树儿训练了近一年半。大约在树儿七岁半的时候，树儿学会了尬聊。聊天时遇到不舒服的情况，树儿会直接说："这个话题我不想说。"不管在家还是在校，树儿都会复刻在康复机构的聊天模式，她爸、她同学有时候都被她烦死："×××，我要和你聊一个话题……"有时候她太以自我为中心，根本没意识到聊天对象对这个话题并不感兴趣，有时候她会重复一个话题长达数月，直到聊天对象听到不胜其烦，让她闭嘴。

通过和树儿聊天以及和我平时的联系，小张老师及时发现了单从学校方很难获取的、树儿在适应学校环境方面存在的一些问题，比如突然从背后抱起同学、不分场合哈哈大笑、逃避学习、写作业不动脑子胡乱填写答案、拐弯抹角不敢正面拒绝大人的要求、因为穿少女文胸不舒服在校期间脱胸罩（树儿体重超标，有点性早熟），等等。

树儿的性早熟，让我提前做起了孩子性教育的功课。关于内衣不适的问题，小张老师和我沟通后，我们回忆起自己在少女时代穿少女文胸时也觉得很受束缚，并渴望不穿文胸。树儿遗传了我的身材，胸围宽，罩杯小，所以买合适的文胸更是难上加难。与树儿不同，我们当年可以忍受不适，遵守在公众场所穿胸罩的社会规范。但自闭儿的性羞耻感天生偏低，有些重度孤独症甚至没有性羞耻感。性早熟的树儿胸部已经略微发育了，全班女生普遍没有发育，她是唯一一个穿少女文胸的姑娘。我有点担心她如果不穿胸罩会被嘲笑，但也同时担心她会被同学们看到肩带而受到嘲笑。自从一年级下学期穿文胸开始，树儿就反复和我提"×××的 neinei（乳房的意思）没有发育，不用穿胸罩。我的 neinei 发育了，需要穿。"

她将一个规则内化成自觉行为的方式就是不断重复这个规则，只要还在重复，就说明她并不想去遵守这个规则，正在努力表示抗议并说服自己。有关性教育，Wing 和小张已经教了树儿两年多，现在树儿已经认可并接受了自己的女性生理性别，能分清楚男女生的隐私部位，知道隐私部位不能碰和被碰。我们在尽力帮助她找到追求身体自由和遵守社会规则间的平衡。小张找到了一些乳房发育的绘本，女孩生理健康的纪录片、宣教视频，还发给了我"胸垫一体式固定杯德绒加绒秋衣"的拼多多链接。感谢富有生活常识的小张，树儿冬天穿文胸的问题解决了。

但同时，我也感受到了公办学校融合教育对于孤独症孩子的康复，以及社交能力的提升有着极具性价比的收益。扛了四年康复费用压力的树儿爸算过一笔账，上公办小学，一年学费全免，杂费、班费、伙食费加起来不超过5000元，持残疾证每年还能餐费减免，每学期还有1000元的助学补助金。与康复费用相比，上公办小学花的钱简直省出天际。而且，普校还拥有和普通孩子相处的大集体环境，这是最廉价的、最好的社交环境配置。普校在这方面起到的作用，不是孤独症康复机构的社交课所能取代的。

饭一口一口吃，问题一个一个解决，坎一道一道过。现在的树儿，正在变得越来越"普通"——行话叫"隐藏度越来越高"。我的朋友不止一个说，树儿变得越来越"可控"了。

我在陪读期间带树儿去康复，其实也起到了自我疗愈的作用。树儿和我，自闭和双相，互相救赎，两个生命之间互相影响。我对树儿的美好祝福是少挨点妈妈的打、爸爸的骂。在小张和 Wing 眼里，树儿很棒，我也很棒。从她们的肯定中，我感受到了一种合理的乐观：树儿和我的病都是可控的，尽管治愈很难，但都能与疾病共生。也许七年后，树儿初中毕业没学上后——树儿爸不会同意树儿上特校高中部，普高以树儿的智力是考不上的，考上职高都算医教奇迹——我可以和树儿合作，我当她的代理人，她则成为小有名气的"孤独症艺术家"，或者我们一起开一家"树屋咖啡店"。

星星与世界的联结

树儿也是家庭的一分子

　　自从树儿五岁参加自闭症康复开始，我和树儿爸就有意识地训练她做家务的能力。生活能够自理，是保证她将来生活质量不至于太低的基础条件。而我自身由于2018年开始欠债至今，与树儿爸的关系一直有点剑拔弩张，情绪比较难以保持稳定，客观上抚养树儿时常感到力不从心。陪她玩不是我擅长的事，辅导她学业又很难，相对而言教她做家务简单些，并且容易出成果。心理咨询师也曾提醒我："对孩子的好，物质充足不缺是一个层次，让孩子看见家长面对困难的态度和克服困难的方法，是另一个层次。"康复师Wing一直强调，要让树儿有她自己是家庭一分子的概念，她不能光享受父母的照顾，而不去承担她力所能及的家庭责任。做家务可以让她感觉到她有用。能够自助并助人，才是发育健全的人。

饭后收拾餐桌是树儿尝试学习的第一个家务。什么剩菜得放进冰箱,什么剩菜得倒进厨房垃圾桶(有汤汁的话还需预先将过滤液倒进洗水槽),用过的餐具统统放到厨房洗水槽,用厨房湿巾擦干净餐桌,用扫帚将桌子底下掉下来的饭菜渣扫干净等等,不一而足。像这样,我把这些家务仔细拆分,一点点教给她。树儿有点马虎,每次擦完的玻璃餐桌就像鬼画符似的。我就在一旁指挥,提醒她哪些油垢还没擦干净。学习了大半年,树儿基本能胜任这项任务了。自闭症的孩子需要给予明确指令,如果笼统地跟她说菜倒掉,那么她就会不加区分统统倒掉,这样一来就浪费饭菜了。

教她洗碗就有些复杂了。看到锅碗瓢盆一大堆堆放在厨房台面上,她根本无从下手。于是我适当降低了难度,规定她自己上学用的午餐盒和水壶必须自己洗,小的碗和盘子她洗,剩下的餐具都由我负责清洗。刚开始让她洗,她会滴很多洗洁精到盆里,单单洗一个午餐盒就浪费了不少洗洁精,而且需要洗上起码十分钟。在她看来洗碗就是玩泡沫游戏(手洗内衣裤也是),海绵刷轻轻地转圈刷碗和盘子，产生越来越绵密的泡沫，手一把把抓起泡沫玩，实际留下来的硬米粒和厚油垢都没清除掉。她自己也不善于观察，也不在乎经过清洗的东西是否干净。为了让她能更细致地刷碗，我会提醒她不合格的部分要用钢丝球刷返工。

"妈妈，好累啊。"有一次她刷了二十几个碗和盘子后和我抱怨。

"做家务是挺辛苦的，你慢慢练习，动作会越来越快，等你得心应手了，就没那么累了。"

一旁的树儿爸路过说了句："谁都不喜欢干家务，你将来自己赚钱就可以请保姆替你干。"

"别听你爸的，家庭成员之间本就该互相承担家务。在外面上班和在家干家务，都很重要。妈妈希望你长大后假如独居，能把家里收拾得井井有条。而不是个只会点外卖，外卖盒子随处丢的邋遢姑娘。"

树儿已经学会了最简单的做饭方法。她懂得淘米，将煤气灶定时，煮溏心鸡蛋、煮粽子和烤吐司。第一次淘米，她没听清指令，把淘过的米全倒进了洗水槽；也不懂得多抓几次电饭锅中的生米，才能淘干净。现在她已经能把米洗净，加适量的水，使用电饭锅煮饭了。

五分钟煮完溏心鸡蛋，她会放进冷水里冷却后再剥。她很享受剥鸡蛋的过程，总是将鸡蛋壳剥得非常细碎，并将每一块碎壳整齐地排列在餐巾纸上，这样的做法有点强迫症倾向。有时候为了防止自我刺激、强迫症倾向加剧，我们会剥夺她剥鸡蛋的快乐。但有时候她伤心压抑时，我们会给她创造剥壳的机会，哪怕她当时并不想吃鸡蛋。

二年级开始，她喜欢吃菜市场卖的双蛋黄肉粽，每天早上吃一个，一直吃到了三年级。她会在前一天晚上将冷冻柜的粽子放到冷鲜层，第二天早上七点半雷打不动起床定时八分钟煮粽子。然后自己剥粽子皮，利用筷子进行拆分，将不喜欢的咸肉挑出来。按照自闭儿的挑食、刻板特性，也许到了四年级她还是喜欢吃粽子。

一年级时，她学会了用面包机烤吐司，还学会了用黄油刀切黄油。专业用的黄油刀刀刃是很钝的，并且弯曲弧度较大，且刀面上不易粘上黄油沫。当时我们家里还没有黄油刀，树儿在我们不在场的情况下拿起一般的水果刀切了黄油。我错过了她第一次用刀的时刻，事后想想心有余悸。也许随着她的世界越来越宽广，我会在不经意间错过很多个第一次。有一天，她可能也会有秘密不再愿意和我分享。

树儿谈及有关小婴儿的话题，她的堂妹家生了二胎，她经常问谁会给小妹妹喝奶瓶、换尿布？小妹妹可以在吃酒的时候坐宝宝椅，可以不穿鞋子出门，为什么她不可以？她小时候爸爸妈妈也会照顾她吗？我不厌其烦地告诉她，你已经是大孩子了，不再是小孩子了，你不可能重新变回小孩子。成长的过程，也意味着丧失一些乐趣，比如再带她去儿童游乐角玩小秋千小滑梯就不合适了。但因为树儿心智偏嫩，她至今还是未能找到小孩子和大孩子之间的清晰边界。

收拾衣物也是通过一两年的训练，她才逐渐熟练掌握的。四岁的时候，教她穿衣服真是费了老鼻子劲了。绣有标签的那一面是背面，这条规律她很难理解。五岁的时候教她叠袜子，先把袜子卷起来，再从内到外翻出来，这对她来说也有点难。最难的是系裤带和系鞋带，怎么教都学不会。为此，很长一段时间她都只穿没有鞋带和裤带的鞋子和裤子。后来我不再逃避，坚持教她学。她初步掌握了系带子的技巧，但系得比较松散，很容易掉出来。

她刚开始晾晒衣服时，人还比较矮，需要踮起脚尖挂衣服。如今她雨后春笋般长到了 150 厘米，使用衣架、裤架、晾衣夹都驾轻就熟了。衣服能折叠得像方块豆腐，并准确分发到外婆、爸爸、妈妈和她自己的衣柜抽屉里。学习使用洗衣机，水位、程序、开关暂停键等按钮，也都学会了。目前我们正在教她学习根据待洗衣物的多少，选择合适的洗衣粉量和水量。假如尿湿了内裤，内裤粘上了屎，她也能手洗内裤。

至于收拾整理房间，对于她来说真的太难了，这涉及物品的摆放与归位。她丢三落四的性格随了我，让她找到丢失的物品不容易。她的房间经常乱糟糟的，衣物随意地丢在地上，桌子书架上也乱七八糟，形容她的房间像狗窝一点也不为过。由于衣柜的衣服没有按顺序叠放，早起找衣服得花上不少工夫。我大概一个月帮她收拾两次衣柜，换季时也会收拾一下。要教会她收拾房间，首先我自己就得以身作则。这也成了我接下来需要面临的挑战。目前她唯一能收拾整齐的就是书包。让她收拾屋子跟催她去刷牙一样，都是她不愿意做的事，主动性极低。自闭儿通常显得较为被动，有时候不得不吼一句动一下。在教孩子做家务方面，我的个人感受就是，家长不能光靠嘴巴喊，而是得陪着孩子一遍又一遍地去做。要撤除追求完美主义的心态，允许孩子把家务做得乱七八糟，从混乱中一点点建立起秩序。比起做得好，更要紧的是肯做。

由于树儿外婆2021年确诊了阿尔茨海默病，所以家里实际的家务基本由我全包。经过我的训练，树儿成了我的得力小助手。我常提醒她，外婆生病了，我们得多担着点。树儿会每晚坚持在我分好药后，将药和水送到外婆房间。以前由外婆承担的买菜烧菜的工作，现在也转交给了我。每周，我大概买三次菜，其中一次定在周日的上午，那时候树儿会推着推车和我一起去买菜。

逛菜市场对我来说是挺治愈的事，但对树儿来说是不舒服的。原因有三：第一，从家里到菜市场的路坑坑洼洼的，露天菜市场离家大概有500米的距离，周末尤其是天晴的时候挤满了电瓶车，拉着推车躲避车辆和行人对她来说有点难度。刚开始推的时候，她在拥挤的买菜人潮中经常轧到别人的脚，需要时不时道歉。第二，周日需要采购三天的菜量，小推车被塞得满满当当，有时候需要去一些设有台阶的小店铺，搬推车上下台阶很费劲，经常有买好的菜掉出来，需要重新捡回。第三，菜市场有许多野狗，还有一些商户养了小狗，对于怕狗的树儿来说，去一趟菜市场相当于经历一次脱敏治疗。

即便困难重重，我还是坚持带树儿逛菜市场，告诉她一些生活常识，比如蔬菜肉类鱼类的名字，奶白菜、豌豆苗、梅童鱼、牛吊龙……她对食物种类不感兴趣，也不关注蔬菜是否新鲜，更加不可能因为挑到几个有香气的番茄而高兴，逛菜市场的过程中她就像个单纯的搬运工。但总有一天她要学会自己在预算内买菜。逛本地菜市场买菜，要比网购买菜便宜。我希望她能够体验到日常生活的乐趣，以后也能为一家人烧一顿营养可口的饭菜。目前的她还是觉得薯片、可乐和泡面最美味。自闭症的孩子一旦将某一习惯内化，就会一直坚持做下去，就像煮粽子。希望她长大后不是一个四体不勤、五谷不分的宅女。

有了树儿的帮助，我的全职妈妈工作轻松了不少，但也出现了我过度依赖她的帮助的问题。尤其是在我服用了精神类药物，感觉体力不支或者躯体化症状严重的时候。"树儿，帮我倒杯水。""树儿，去倒垃圾。""树儿，你衣服收了没有？"……树儿就像电影《三毛流浪记》里的三毛，像个任人使唤的丫头，片刻不得闲。"妈妈，什么时候能好？什么时候能停下来？"她只好在我的下一道命令发出之前，见缝插针地看自己喜欢的动画片。我的一道道命令打破了她的生活节奏。后来经树儿爸提醒，我才意识到，她也需要独处的空间，并且有她自己该承担的学业责任。她毕竟才十岁，也需要玩，需要完成学校的功课。她不是这个家的保姆，她是正在成长的孩子。

"也许树儿长大可以考技校的家政、护理专业吧。"树儿爸说。自闭症孩子由于学业困难，得提前做职业规划的准备。从现在开始培养她有就业潜力的相关技能也算是未雨绸缪吧。

树儿与朋友们

在树儿成长的过程里，她和我其实都有些孤单。她没有固定的玩伴，我也没有固定的全职妈妈友。树儿嘴巴里念叨最多的就是田田、悠悠、球球三个小朋友，都是她的堂哥堂妹。他们仅在逢年过节吃家族聚会酒时碰到。

"我要给田田买奥特曼冰激凌，给悠悠买草莓冰激凌，给球球买西瓜冰激凌。""田田喜欢《汪汪队立大功》，悠悠喜欢《小猪佩奇》，球球喜欢《大头儿子和小头爸爸》。"树儿喜欢给他们做好所有安排，然后幻想着和他们一起出去玩。事实上，上小学前，家族聚会时她还能跟他们玩一会儿，比如一起听歌跳舞，一起奔跑追逐。但上了小学后，她的堂哥堂妹们都瞬间长大了，会安静地坐在自己的位置上吃菜、玩手机游戏。只有她还停留在爱热闹的阶段。每次她的口头禅里出现他们的时候，我都把它当作是口语会话练习的机会："你换一个地方带他们出去玩。""你得让他们自己选择他们喜欢的东西。"我有时会刻意引导，希望以后树儿的口头禅里不会只有田田、悠悠和球球，而是还有真实生活中时常接触的孩子的名字。

在树儿休学期间，经过康复机构社交课的训练，她的主动社交欲望有所提升。她开始想找小朋友玩了。但当时，像她这个年纪的孩子白天都在上学，周末又被培训班安排得满满当当。她在家里就听动静，一旦楼下花园出现小孩的声音，她就准备飞速下楼。尤其是二楼邻居家的兄妹下楼，她一准儿跟上。实际上，她也没办法参与进去小孩之间的游戏，她只是在外围打转，像个搬张凳子围观的吃瓜群众。她拥有真正意义上的玩伴，是小学一年级以后的事情。

当时，她班里的班长小汪和她住同一个小区，小汪就是传说中的"别人家的小孩"，品学兼优，琴棋书画样样精通。有时候放学回家，她会和树儿一起在小区楼下玩上半个小时（她妈妈只允许她玩半小时，因为还得完成作业，赶去培训班）。小汪特别喜欢玩"扮老师"的游戏。她天生适合当特教老师，树儿在她的教导下学会了"123，木头人""老狼老狼几点钟"等游戏。她还会拆分具体的肢体动作，不厌其烦地教。有时候树儿走神了，她还会声嘶力竭地喊"树儿，你认真点！"树儿在一年级的时候，每次放学都问我："能不能和小汪一起玩？"

二年级，我家隔壁搬来了新邻居，这家有一儿一女，女儿和树儿上同一所小学，比她大一级，儿子上幼儿园小班。这家人生活得非常有烟火气，夫妻俩都是大嗓门，说话像吵架。妻子性格直爽，每天到了晚饭的饭点就会大吼，喊不知道去了哪儿玩的孩子们回家吃饭。她家刚搬来没多久，小儿子小令便来敲我家门，门一开就冲进来玩，每个房间都转悠了一遍。这还是我第一次遇到没有边界感的小孩，树儿爸挺喜欢小令，还跟小令玩了一会儿沙发跳游戏。树儿被邀请去他们家玩，吃了好多蛋糕水果。树儿对他们家女儿卧室的双层床很感兴趣，爬上爬下。后来她每回去都想爬床。我教育她这样的行为不合适："除非小令的姐姐同意，否则不能再这么做。"

树儿与邻居女儿的能力差距太大，没办法玩到一块儿去，反倒和小儿子小令成了朋友。后来小令来我家里，我挺高兴的，我会让树儿倒饮料、拿切好的水果给小令吃，让她分享自己喜欢的玩具给小令玩。树儿很少有机会去教别人怎么玩游戏，她通常都只能当学生。她教了小令玩蛇棋和水精灵游戏。他们不再是在相同空间自顾自玩耍的状态，而是有了互动。小令和树儿时常串门玩。热情的邻居一家的到来，就像上天给予的礼物，让树儿和我都变得没那么孤单。

"学会助人，也是孤独症康复的目标之一。"康复师Wing曾和我提到过这一点。上了三年级之后，学校的学业压力明显大起来，小汪在楼下玩的时间越来越少了，不过树儿现在主要的玩伴就是小令。她每天期待的事情就是去小令家玩，或者小令来我家玩。

我确实也知道，树儿是很难跟同龄人玩在一起的。二年级撤出陪读后，我经常在她放学后问她："你今天有和同学说过话吗？"我挺担心她一天到晚都孤单一人，不和人说话，然后憋了一整天，回家像个话痨似的和我机关枪一样突突突说话。偶尔，她会告诉我，她和某某某聊了几句。

我渴望她能多参与一些学校的集体活动，比如科学课和其他同学一起做小组实验、报名参加晨会主题活动，有"主人翁"的感觉。这样，大家聊起她就不会再单单是"她是一个自闭儿"。我身边也有一些陪读家长，仍在坚持陪读、盯学业。在佩服她们的毅力之余我会想，也许放手给他们自由，孩子的适应弹性会更好。

是不是有时候适度放手，当树儿的世界里不再只有我，我的世界里也不再只有她，我们彼此解绑，但同时又是彼此最值得信任的亲密伙伴，到那时也许我和她才能活得更好，成长得更立体、更完整？

孩子是一厘米一厘米，一公斤一公斤长大的。可我不是一个能随时保持清晰的头脑，细心记录保存孩子成长过程的妈妈。抚养树儿快十年了，我并不觉得十年很漫长。有时候觉得弹指一挥间，树儿就长大了。我更加不是一个自律的妈妈，做事没有计划性，无法寻找许多在家教育的资源，充分利用资源去教育树儿。朋友们都说，树儿和我长得越来越像了。我和她都有体重超重的问题。尤其是到了夏天，我们每天都一起喝可乐、吃冰激凌。经常信誓旦旦地说要减肥，但很少付诸行动。学校每天的跳绳作业，有时候我也会忘记盯她完成。我是一个全职妈妈，但我始终做不到一切以树儿为中心，完全以理想的健康方式去抚养她。在抚养的过程中，我时常陷入纠结，思考我和她该如何在保持亲密关系的同时，又能保留边界感。若即若离的关系也有好处，树儿的生活自理能力会比较强。随着她年纪的增长，我开始给她适度的自由选择权，比如她可以选择是否参加我提议的培训，可以选择是否跟我去泡咖啡馆，可以适当自由选择每天的穿着打扮——最后这项由于树儿无法按照天气温度选择合适的穿着，我和她还经常起争执。

"你不要像一只老母鸡那样护崽，你的女儿就像一个妈宝蛋。"六岁的时候，我带她去儿童游乐角玩，爬坡区那儿还有一个动作敏捷、衣服脏兮兮的明显比她小的姑娘。在玩耍期间，我时不时地问树儿要不要喝水，要不要上厕所。树儿玩一会儿听到我的呼喊声就跑过来喝几口水，喝完我就替她擦嘴角。小姑娘的奶奶就坐在我身边，和我聊起她老家的家长里短。的确，一直紧紧握着孩子的手不松开，与她同行一年、两年、三年……是特别辛苦的事。一直到上小学一年级，有一天树儿问我："我可不可以自己下楼跳绳，妈妈不下去。"

我同意了，站在阳台上盯着楼下的她，起初我有点儿心慌，怕她随意离开小区花园，一旦她消失在我的视野里，我就大喊："树儿！树儿！"大约过了半个月，我逐渐放宽心，她跳绳的时候我也不站在阳台了。现在我会跟她规定好有多长时间可以待在楼下玩，时间一到，听到我的喊声她就必须上楼。她完成每天跳绳三百下的任务后，就去玩健身器材，有时候会蹲在树下捡落叶，把落叶一层层叠上去。这么简单的游戏，她玩得很专注。有时候，我也会叫她下楼帮我去小卖部买东西，她喜欢揽这个活，每次分配到这个任务，她就会问"那我可以买一瓶饮料吗？"她的自由活动范围从自己家扩展到了整个小区。

我越来越清楚地认识到，随着树儿长大，她必须更多地自己去面对这个世界。她或许不会有固定的朋友，而我也没法守着她到最后，但她需要有与这个世界的联系，存在过的，或者即将存在的联系。我希望树儿的生命也可以在这个世界上以她自己的形式，留下美丽的痕迹。为此，我不断地和树儿一起做着准备。

我一直在想，虽然我和树儿"来自不同的星球"，但我们不是两条不相交的平行线。我也希望，她的世界不会孤单，她会走进更大的世界——除了妈妈的，还有其他人的、更广阔的世界。

树儿爸

在孤独症家庭里，假如父母有一方选择了全职带娃，那么养家糊口的压力就落在了另一方身上。夫妻彼此间可能会达成默契——养娃归你，赚钱归我。一旦坚定贯彻执行这个家庭方针，就可能面临丧偶式育儿的风险。假如是双职工家庭，尤其在父母都很忙的情况下，爷爷奶奶也会成为孩子的主要照顾者。养一个自闭儿，单靠全职妈妈 / 爸爸和爷爷奶奶的照顾与关爱是不够的。每一个家庭的成年成员都有他 / 她独特的照顾孩子、与孩子相处的方式。让自闭儿多接触所有的家庭成员，能更提升他们的灵活性。

我曾经就犯了丧偶式育儿的错误，大包大揽除了上班赚钱以外的一切。树儿从出生开始到现在，近十年间，我没有让其他人帮我照顾过一天。早托、幼儿园、小学、兴趣班的接送，孤独症康复机构的陪伴，周末寒暑假节假日外出游玩的主题规划，树儿爸都没有参与过。

这间接导致了父女沟通上的误差。在树儿小时候，树儿爸坚持每半个月带她去爬山，树儿耍赖走不动道了，他就把树儿背在肩膀上。一直到树儿七岁那年的父亲节，我给她录制了一个父亲节小视频，她才在视频中对爸爸透露心声："爸爸，我讨厌爬山，华盖山、杨府山、大罗山、海坦山，我通通讨厌！"从此，我们一家子改为地面运动。

我把树儿牢牢握在自己的手心里，一直到2024年2月我们回四川农村老家过年，除夕前期，我双相抑郁急性发作，连续五天无法和树儿共处一室。当时我惊恐、极度坐立不安，树儿刷平板看动画片，或者向我重复提问，我都觉得是无比巨大的噪声，无法忍受。那时候，我终于意识到我无法一个人完全承担起照顾树儿的责任。

当时的我顾不上树儿，满脑子只想自救，甚至问树儿爸："我可以住精神病院吗？我真的受不了了！"

"你住院了，那树儿怎么办？"

"我想救救我自己，真到了住院那一步，亲戚们会帮忙带树儿的。"

自 2018 年确诊双相起到那时为止，树儿爸才真正认识到我生病了，而且病得不轻。发病的我整个人时不时木僵，走在山路上会突然双腿无力而摔倒。

除夕前一天，我们从四川落荒而逃，飞奔温州治病。临时突兀离开，朴实勤劳的公公的眼眶湿润了："前天刚杀了三只鸡，本来打算过年好好做给你们吃，你们走了，这些鸡怎么办？"逃离四川那天，飞机航班延误了六个小时，我特地加了两倍的量服用镇静类药物，但仍旧坐立不安，身体紧张，头上右边太阳穴位置隆起的脓疮囊肿隐隐作痛，吊着右眼。经历了人生中最厉害的一次双相发作后，我开始反思以往的养育树儿的方式是否存在问题。

在我 2024 年春节双相发病期间（大约持续了半个月），树儿爸一人扛起了照顾树儿的责任，每天给树儿扎高马尾辫。那段时间，他陪伴树儿，忍受树儿大量的重复提问和自言自语，与她进行了数场在我看来毫无意义的尬聊——我在带树儿的时候，是不太乐意进行这种高重复度的聊天的。树儿八周岁以后，主动社交欲望被激发出来，她的自由聊天内容被大量的以购物为背景的幻想社交事件占据。

"我和悠悠、田田、球球一起坐48路公交车，去中山公园买冰激凌，我喜欢吃草莓口味的，悠悠爱吃蓝莓的，田田爱吃巧克力的，球球爱吃香草的。"

树儿理解不了，别人买什么是别人自由选择的，她不能代替其他人做决定。在所有编造的社交故事里，她就像一位编剧兼导演，自己编了剧本，要求所有演员按照她的来演戏。每天她都会反复地说那几个已经说了八百遍的故事绘本，重复着那几个名字……尽管那些堂兄弟姐妹们已经不怎么跟她玩耍了。

"爸爸，请说一下我、田田哥哥、球球妹妹去买玩偶的故事。我买了天线宝宝玩偶，田田哥哥买了奥特曼，球球妹妹买了芭比娃娃。"

树儿爸不厌其烦地复述着树儿编的故事给她听，尽管这强化了树儿的刻板，但在当时，面对妈妈情绪失控无法照顾她的现实，这种明显带有溺爱纵容的言语陪伴也是有

树儿爸

必要的。祸福相依，我经历双相的至暗时刻，反而促进了父女关系，增进了父女俩的亲密度。树儿爸也不再是那个一下班回家就葛优躺着看剧的疲惫中年男人了。

现在，经过两次调药，我的双相已经基本控制住了。我终于又能够每天为树儿做早饭，接送她上下学，陪她去康复了。但睡前故事树儿仍旧坚持要爸爸给她讲，原本应由我讲故事，树儿多了句口头禅："我只要和爸爸在一起，不要妈妈，妈妈走开。"树儿爸会不厌其烦地纠正她："妈妈也可以在场，你、我和妈妈是一家人。"

在树儿成长的过程中，树儿爸为树儿做了些什么呢？自从树儿出生开始，大约有半年时间，每天凌晨树儿爸提着篮子——篮子里装着尚在襁褓中的树儿——开车把树儿送到亲戚家，由亲戚代为抚养。那半年，我坚持一边在报社上班，一边把母乳挤出来，放在单位冰箱，等着下班温热了给树儿喝。但当时我的母婴分离焦虑十分严重，最夸张的时候出现了幻听，在办公室会间歇性听到树儿的啼哭声。领导开会，我只看到领导的嘴巴张开闭合，却听不到他到底在说什么。我不得不辞去工作，辞职后我就当起了全职妈妈。从此，养家糊口的责任全落在了树儿爸一人身上。2019年树儿确诊孤独症，很快新冠疫情爆发。康复费用一个月7800元，残联补贴报销2400元。为了给女儿治病，没有任何生意头脑和经验的树儿爸，在本职工作之余，兼职做起了包装膜生意。他一直扛着康复支出的经济压力，一直到2023年4月，我争取到了温州天爱协会孤独症康复资助名额为止。

他和我在树儿的养育方式上是存在很多分歧的。比如，他认为树儿有智力障碍，那么培训班是没有必要的、超出经济能力范围的投资。但我不顾他的反对，坚持从2020年开始以一对一授课的方式让树儿学画画（她被多家画画机构拒收，因为她的能力不够上团体课）。我切实地感受到了艺术疗愈对孤独症康复的作用。但在树儿爸看来，画画又不能变现，有什么用呢？我尝试换个角度和树儿爸解释：一般有智力障碍的自闭儿，在普校学业是跟不上的。他们每天在学校上文化课时可能都不怎么听讲，只知道混日子。我们需要找到一种让她在普校，不影响其他同学上课的前提下有意义地打发时间的方法。在课堂上自顾自画画，就是其中比较合理的方法之一。在家里，假如大人不参与陪伴，她可能会沉迷于看电视、刷平板手机，这样她可能患近视眼，同时注意力也会受电子产品的影响变得更加涣散。这个理由说服了树儿爸。尽管他嘴巴上还是说："报画画班有什么用？浪费钱。"但每一期的画画班学费，他还是负担了。

我们就树儿自闭行为的理解上也有一定分歧。树儿爸延续了他和树儿不厌其烦地玩同一种游戏的习惯。在树儿学会了简单的飞行棋、蛇棋和五子棋后，树儿爸就成了她的棋友。他们还会一起看动画片和综艺。电影《哆啦A梦：伴我同行》和《奔跑吧兄弟》的青岛某一集，父女俩不知道看了多少遍。树儿在观看过程中问了许多问题，树儿爸都一一回答。但为了限制孤独症的刻板行为，我有时候会强制树儿看新的动画片，并给予奖励。我觉得既然自闭儿生性怀旧，要让他们对新鲜事物感兴趣，就需要家长反复诱导。

在如何进行亲子陪伴上，树儿爸秉持张弛有度的观点："你的情绪稳定，比辅导她写作业更重要。假如很生气，你就别辅导了，让我来。""你很累了，就休息。她都这么大了，让她一个人待着没事儿的。"上小学后，树儿爸坚持辅导树儿的语文作业，他自律的性格让他能够在大多数情况下情绪稳定地陪树儿朗读课文以及写语文作业本里中下难度的作业。

单休的他周日中午会雷打不动地睡两个小时"美容养颜觉"。假如天晴，则会带树儿去杨府山公园玩，同时他还坚持跑步。树儿爸的自律和务实，也成了维持这个家不散掉的关键因素之一。有困难时他能够托底，"我们自己先把自己保好，等她长大了，给她办低保。情况再好点，还能找到一份简单的工作。或者我退休在厂里当保安，让她进厂，我带着她干活，这样生活问题就能解决了。脑子有点不好不要紧，关键是学会节省，肯干活，性格不悲观，才能活得好"。这种对树儿未来乐观的看法与孤独症家长圈里流行的"爸妈走出来，孩子有未来"的观点不谋而合，多少抚平了我一贯的焦虑。

不过，树儿爸对树儿的要求，有些合理，有些不合理。他非常重视对树儿生活自理能力的培养：自己洗头洗澡、收拾餐桌、洗碗、折叠分类衣服、收拾房间、扫地、辅助买菜购物，这些事情他都在坚持教树儿。他主张，凡是她自己能做的事都必须让她自己来干，父母不能插手。打麻将顺时针摸牌，树儿总是记不住规则，有时候忘记摸牌，我就会急着帮她领牌，树儿爸每回都制止我："你让她自己来，只有她自己来，她才能记得住。"

他很在意外界对孤独症的评价，渴望树儿能在学校完美隐藏，一天到晚耳提面命："不要哈哈大笑，别的同学笑了，你再跟着笑。不要自言自语，你别搞得自己很特殊。不准带玩具去学校，别人都不带，你带了，你就和别人不一样，不一样了，就受欺负……"实践证明，他跟在树儿屁股后头的碎碎念都是无用功。自闭特质是很难完美隐藏的，她和她的同学们是互相学习、互相包容、忍受、接纳的关系。

树儿爸对树儿最正面的影响，是他在身体力行地教树儿节省。自 2018 年我确诊双相以后，就存在躁狂发作时冲动消费、花钱大手大脚的问题。那年我借了人生第一笔网贷——蚂蚁借呗 4000 元，此后陆陆续续，我向蚂蚁借呗、美团、微粒贷借了钱。借新债还旧债，先息后本，想方设法拖延还款时间。最终到 2023 年，债务的雪球滚至 50 万元，到了不得不抵押房产贷款，每月还得还 1600 元的利息的地步。

我全职带娃，树儿爸一人养家，作为普通工薪族的他背负着沉重的还债压力，我们的夫妻关系如履薄冰。不堪重负时树儿爸就会喝酒，一次至少喝下半瓶白酒。他时常觉得生活没有了希望：我染上借钱的恶习，还不如患癌症晚期来得有希望。喝醉了，他就会三更半夜在路上走，凌晨两三点才回家。

"我老家盖房子和供我上大学的钱，一直到我参加工作还了五年才还完。没想到结了婚，你又欠债，这就是我的命！"他曾经这样对我说。那时候，树儿总在自己房间躺着问我："爸爸去哪儿了，他什么时候回来？"她睁着眼等爸爸回家，一直到太困而睡着。

我们很少当着树儿的面吵架，但从来不会在她面前回避钱的话题。树儿爸对树儿耳提面命最多的话就是，你要想买什么就得自己赚钱，没能力赚钱的时候就不要想着花钱。我也经常告诉树儿，××很贵，我们买不起，去××地方玩要花很多钱，我们去不了。每当树儿想打车的时候，我就说："打车一趟的钱够你喝三罐可乐了，我们省下打车的钱买可乐好不好？"我是树儿的主要照顾者，树儿跟着我也学得花钱大手大脚的。这些都被树儿爸一一纠正过来了。从树儿两周半咿呀学语开始，树儿爸就告诉树儿钱的重要性以及钱很难赚。树儿从小就知道，我们家经济比较拮据，有些东西在消费能力之外。

"这个很贵，我们买不起。那个零食和玩具，你想要，你就必须写作业或干家务，你得用具体的劳动来交换。"我不认为这是树儿爸在向树儿贩卖金钱焦虑。不是打肿脸充胖子地营造一个不缺钱的童年，而是跟孩子坦白家里的经济状况，这对孩子的身心健康成长是有利的。孩子知道家里的现实经济状况后，降低物欲，将物欲维持到合理的水平，学会节省，对于她长大后适应社会、在社会上生存下去是大有裨益的。冲动和无节制消费，除了有双相躁狂发作的诱因，也跟我自己的金钱观念有关。我从小生活在双职工家庭，父母金钱焦虑很深，但从来不和我说，要什么有什么，导致我小学三年级数学课上元角分的换算怎么都算不来。没有金钱概念的童年叠加上成年后的双相发作，终于把我推向了借债的深渊。

如今，和树儿一起，我也在向树儿爸学习。我和树儿一起在多抓鱼 APP 上淘便宜的旧衣服，一些品牌树脂小公仔的配件太昂贵，我们就自己用轻黏土去捏。"一趟打车 12 元，够你喝四瓶可乐呢！""妈妈，我们坐公交吧！我来刷卡。""妈妈，我们去万象城玩吧。""商场里的游乐场玩一次要 200 元，我们去公园儿童友好游乐角玩，在那里你想滑滑梯荡秋千，想玩多久就多久，完全免费。"我和树儿都过上了符合自身经济条件的生活，并享受着精打细算的乐趣。

树儿爸还是个不折不扣的 handyman。家里马桶堵了、电器坏了、线路短路了、煤气灶点不着火了……他统统能修，树儿的衣服破了，他也能缝补得看不出痕迹。依靠着他的小修小补，勤俭持家，才抵消了一次又一次因我双相发作乱消费造成的经济损失。每次看到他搬出工具箱，我就想起了同样心灵手巧的父亲。父亲在 1990 年代病症还不是那么严重的时候，利用工厂车间的工具和塑料、木材边角料的废材，为我做了蛋椅秋千、大象滑滑梯、汽车床、半月形双开门书架。我看着丈夫和女儿，想着父亲——他们两人靠着"造物"来表达对女儿的爱，但有时候他们又都在痛哭流涕的女儿面前手足无措。

220   星星与世界的联结

外婆

　　树儿出生的第二天，我的母亲，她的外婆就被送进了精神病院。整个月子期间，我过得很冷清。坐月子讲究妈妈尽量不要抱小孩，注意休息。但我不听月嫂的话，总是忍不住抱她。那一个月，天气很好，晴天居多。我一有空就把树儿抱到窗边晒太阳，外婆带来的向日葵正对着太阳缓慢旋转，树儿娇嫩的皮肤被晒成了古铜色。外婆在精神病院里也打来过几次电话，每回都问："奶粉多少钱？尿布多少钱？"她在精神病院里，可以真实地释放自己的金钱焦虑。

　　自树儿出生开始，树儿外婆一共住过四次院。除了第一次的时候树儿还是个婴儿，后面每一次，树儿都知道外婆住院了，我们没有瞒着树儿。"外婆去哪里了？她什么时候回来？"每次我都如实回答。我还带着树儿去精神病院看望过几次外婆，但她好像始终无法理解外婆到底是怎么了，正如她无法理解为什么爸爸和外婆彼此不说话——我丈夫和母亲之间有不少矛盾，漫长的冷战中，他们以自己的方式爱着树儿，却互不搭理，反而是我公公婆婆跟她的关系更为缓和。公公少言寡语，有一次却郑重地对树儿爸说："你要向对待亲妈一样对待你岳母。"而有一年我带母亲回四川过年，她找我婆婆聊完天后对我说："你婆婆太可怜了，阿毛你放心，妈妈会照顾好自己的。"由此，树儿爸和她外婆偶尔会互有温情一些，但两人又总是很快就回到两看相厌的状态。有时候，树儿就像隐形黏合剂，帮助着这个一盘散沙的家不垮掉。

外婆住精神病院的时候，最想念的就是树儿。但因为精神病院特殊的环境并不适合特别小的孩子出入，所以树儿往往只能在家等外婆回家。然而她一回家，与树儿的交流又是比较刻板的。她每天都要求树儿回到家就得问候她："外婆，我回来了。外婆，我在这儿。"假如有一天树儿忘记说了，她就会起疑心，树儿是不是不喜欢她了。

她也有着隔代老人的"通病"。树儿晚上总想吃花菜、肥肉。外婆每天烧晚饭，总会记得烧树儿爱吃的菜。我看到老是忍不住说："妈，别老给她吃肥肉，她太胖了。"

"胡说，小孩子有什么肥胖的，她爱吃就吃，好好吃饭才长得壮。"

2020年国庆，亲戚们上门，质疑和指责我为什么孩子上幼儿园了还不去上班，到底想逃避工作到什么时候？我遮遮掩掩地说因为特殊原因不方便去上班。树儿爸直接撑了他们："树儿都自闭了，你让她怎么去上班？"我求亲戚们不要把树儿患孤独症的事告诉外婆，但不到一周他们就说了，她得知树儿无法像一个普通孩子那样长大后，受不了打击，又住院了。

住院期间，在精神病院会客厅，外婆一边模仿着雕刻的动作，用锤子敲打，用刻刀削，用锉刀磨，一边说："耶稣回答说，也不是这人犯了罪，也不是他父母犯了罪，是要在他身上显出神的作为来。"她爱抚着虚空中的雕塑品，告诉我，因为树儿是上帝的拣选之人，所以要历经苦难。就像一块石头，要千凿万刻，血肉模糊，才能脱胎换骨，变成一件雕塑品。"树儿没病，你们才有病，把她送到精神病医院（树儿所在的康复机构是精神病专科医院的下属机构）去搞什么康复！她是个天才。"她边说边斜视我。坐在她对面的我无言以对。外婆又一次在重大问题上观点与他人不同了。但这次我不忍戳穿她的幻想，也许保留这份对待树儿的积极态度，能帮助她尽快康复出院。如果可以的话，我希望她能永远不从梦里醒来，被周围的人温柔以待。

　　一般情况下，住院两至三个月，外婆就能出院了。树儿并不担心外婆出院后会怎么样。她内心是接受这样一位特殊的外婆的。我很感激她不嫌弃外婆，始终和外婆保持着她俩特有的亲密。树儿本身的单纯也让她比起我们，能更纯粹地接受爱意，而不是去计算——快十岁了，树儿还是有点分不清想象中的人物和真实人物的区别，她把喜欢的、反复看上好几年的动画片里的人物幻想成自己的朋友。带她去看孤独症门诊时，医生问她最好的朋友是谁，她回答："小波（《天线宝宝》角色名）。"树儿还坚信，小兔灯能在夜里保护她不被黑暗之神吸走。

　　树儿对水彩感兴趣的时候，在墙壁上乱涂乱画，外婆从来不生气，反而夸她画得有艺术味道。在这个家里，夸树儿最多的就是外婆。外婆也是唯一一个试图走进树儿的绘画世界，认真和她讨论她在画什么的人。不管是树儿在画画老师那里完成的习作，还是在家里敷衍潦草的涂涂画画，外婆都如获至宝般将它们放进文件夹里收好。她把每一幅画都保管起来，在背面记录上日期。有时候还会留言几句："2021 年 7 月 1 日，我生日，小树送了我向日葵画，我很开心。她的向日葵五颜六色的，我一开始还看不出来这是向日葵。""2022 年 9 月，小树做了爸爸妈妈结婚证立体贺卡，有模有样的，还真像那么回事嘞。"她在树儿画画上和我秉持相近的观点，一直强调树儿书读不起来不要紧，好好培养画画的爱好，将来也能成才。"你别老骂树儿笨，她很聪明，一点都不笨。你小时候自尊心那么强，她随你，骂不得的。"

"你看，这像一片森林，那里是一条河。"无论是在树儿被贴孤独症标签之前，还是之后，每每家里来访客，外婆总会邀请他们观赏墙壁上的随意涂抹。访客们笑而不答，在他们眼里，小孩子在墙壁上乱涂乱画，弄脏雪白的墙壁，是要受惩罚的。外婆则不以为然。她最喜欢的艺术家是凡·高，有一次我带她看了凡·高艺术展，展板上写着"每个人的心里都有一团火，路过的人只看到烟"。

她在凡·高的画作前驻留了很久。

绘画：AMOS 与润润

在树儿确诊孤独症后，我一直希望通过培养树儿的兴趣爱好，达到除了摸索她的能力边界，也增加她与外部世界的链接的效果。比如舞蹈，树儿学过三年的舞蹈。她块头很大，在亭亭玉立的舞蹈姑娘中间，就像一群美人鱼里混入了一条虎头鲨，但我期望她通过练习舞蹈塑造形体自信，并且能听懂集体指令，配合表演每学期的期末舞蹈汇演。通过三年的学习，她现在基本可以跟得上舞蹈排练了，演出时能站对位置，能做出正确的动作，虽然动作明显慢半拍或快半拍。老师夸她乐感不错，但我怀疑她没有舞蹈的审美感，所以没有表达优美动作的主动性。我觉得她之所以肯继续跳舞，就是为了有漂亮裙子穿。

树儿的舞蹈老师小章，每节舞蹈课都从头到尾亲自示范做动作，仿佛天生是为舞蹈而生的。对于树儿，她并没有因病而过度包容，也没有因病而歧视她，而是始终把她当成舞蹈班集体的一分子看待。小章后来怀孕了，在她怀孕期间我们停课了。我和树儿约定，等她减肥成功，就带她继续跟小章老师学。

舞蹈是我带树儿尝试的一段插曲，树儿的主旋律是绘画——在我看来，树儿身上有很多点值得认可，尽管大多数点达不到社会普遍认知里的评判标准。绘画，是树儿身上为数不多的在这套评判标准里能被人认可的点。我很庆幸带她学画画，让她拥有了言语之外的新的表达方式。而她独特的观察方式（注重细节，没有全局观），也让她创作出了独具个人特色的构图。

树儿接触画画的契机更为偶然，直到树儿快满五周岁时，我也从来没想过她会学画画。因为在我看来，她是个没有任何绘画天赋，也不太可能静下心来画画的小孩。当时的她，开口说话句子长度不超过三个字，每天都精力异常充沛，我曾一度怀疑她是多动症。后来参加康复了才知道，孤独症的孩子里有部分会伴随多动症状，但在他们的语言能力水平有所提升后，多动症状会有所改善。

树儿那时刚刚在某公立医院被确诊孤独症，我拿着诊断报告，痛心之余也是一头雾水。这是我第一次听说"孤独症"三个字，门诊医生、评估师、孤独症康复机构的负责人告诉我的信息，归纳起来就一句话——孤独症很可怕，而且治不好，是终身疾病。为了消化这个过于严重的消息，我试着找出一种可以陪伴树儿、每天都能坚持的亲子活动来缓解我的焦虑。家里有一大堆朋友送的带亚麻画布的画框和颜料，我便尝试让树儿玩颜料。这便是树儿接受美育，或者说孤独症艺术疗愈的开端。

　　最初，我与树儿之间专属的亲子游戏很少，而我们玩得最好的就是色彩游戏。幼小的她，最喜欢蓝色系中的普蓝色，喜欢满手沾满各种水彩颜料在墙上按手印，在纸上乱涂乱画。橘红、藤黄、翠绿、群青……色彩名称成了我与她之间的共同语言。她的画抽象极了，语言发育迟缓的她总是努力嘟着嘴跟我解释她画了什么，有时候我会发挥想象力，告诉她妈妈看见了什么。看懂她的画，可能是打开她的世界大门的一把钥匙。

　　画画起始，树儿很随意地用笔在画布上涂抹，没有任何具体形状,也不讲究画面布局(她当时还没有能力仿画)。我永远记得她的第一幅作品,她选择了碧绿、墨绿、普蓝、大红等颜色,随意涂抹、泼溅,寥寥草草,不到五分钟就完成了一幅画。我把她的抽象派作品晒到朋友圈,有的留言说看到了一只大公鸡,有的留言说看到了远山和夕阳,其中一位央美毕业的朋友和我说,树儿的画运笔很大胆,她有着丰富敏感细腻的内心。经这位朋友指点,我突发奇想——也许树儿是画画的料!她不善言辞,语言能力弱,但或许可以靠画画去表达自己,图像可以替代她不擅长的语言,成为她另类的表达方式。

在被三家绘画机构拒收后,AMOS 成了树儿的第一任画画老师。

"树儿妈妈,我发现树儿是教不起来的。"第一堂课结束后,AMOS 和我说。

我以为树儿又要被拒收了,AMOS 解释说,树儿和她以往教过的孩子不一样,认知能力偏弱,虽然五岁了,但能力更像是两三岁的孩子,注意力也不容易集中,带她挺费劲的,她没办法按照老师的备课教程来上课。此后,

AMOS 采用了"聊天＋游戏"的方式，不断吸引树儿的注意力。她还发现，树儿几乎没有联想力和想象力，一些诗意的、偏文学审美的绘本她并不感兴趣。于是，AMOS 调整了教学方向，每节课都设置了与日常生活密切相关的主题，比如坐公交、吃她最喜欢的意大利面，而且这些主题都是通过和树儿自由聊天定下来的。然后她会让我提供相关照片，以便在课堂上呈现。

画画教学是坚持与放弃并存的过程。AMOS 需要坚持自己的教学大纲，比如教树儿认识点线面的基本概念，会画三角形、正方形、圆形等基本图形，但又要允许画面相对没那么整洁，允许树儿随意写上一些拼音字母。当时她习惯把自己会写的为数很少的几个字、拼音随意标注在画面上，但能随意乱涂多少，具体的量由 AMOS 决定。"假如不喊停，她会重复写字母，写满整张画，并写到画的外面去。"

在树儿跟着 AMOS 学了大概半年后，有一天 AMOS 兴奋地和我说："树儿妈妈，树儿会画小人儿了，这个小人儿很可爱，完全是她自己想出来的。"那是一个酷似《芝麻街》玩偶的小人儿，我确定她没看过《芝麻街》。

树儿的小人儿永远面无表情，大约在七周岁的时候，她才学会识别喜怒哀乐四种面部表情。但至今她画的人物仍旧没有表情：点上一点，就代表瞳孔；笑也好哭也好，嘴巴永远是一条线。小人儿能够不再是正脸朝向观众，可以侧脸、弯腰、背对人，则是八周岁以后才开发出来的能力。在 AMOS 坚持不懈的指导下，树儿进一步学会了改变小人儿的发型，以前永远光额头的小人儿有时候有齐刘海，有时候梳板刷头，小人儿长出了耳朵，偶尔还会露出牙齿——只有养育过自闭儿的家长和亲身教过自闭儿画画的美术老师才知道，打破自闭儿的刻板绘画习惯需要付出多么巨大的努力。

在跟随 AMOS 学画画的一年里，树儿的性别意识启蒙了，她开始沉迷于粉红色的世界。为了让她能选粉红色以外的画笔，AMOS 使尽了浑身解数。比如尝试跟她说，公主也会喜欢蓝色。或者，绿色、黄色也想跟你做朋友。大多数时候的软磨硬泡都以失败告终，偶尔，树儿会在 AMOS 的恳求下尝试粉红色以外的颜色。她能自由地接受其他颜色，也是八岁以后的事情了。

2022 年，树儿跟随 AMOS 学画的第二年，在 AMOS 的指导下，她创作了一幅土豆小人儿、黄瓜小人儿、胡萝卜小人儿飞翔在法国斯万城堡上空的拼贴画，名为《去月亮上滑滑梯》。这幅作品获奖了，被挂在法国卢浮宫展览，并最终被法中交流促进会收藏。它鲜艳而自洽的色彩，稚嫩的笔触，富有童真的想象力，或许正戳中了许多成人内心的柔软之处。

这位帮树儿打开了一扇窗的绘画老师 AMOS 于 2022 年春天离开了温州，她留下了三件给树儿的礼物：企鹅圣诞老人的迷你针织玩偶，一个画了倒挂在单杠上的女孩的木头房子小雕刻《树の屋》以及一张圣诞贺卡。卡片上写道："希望你有一天能看懂这张卡片的内容，如果二十年后你依然喜欢画画，依然爱吃，爱看动画片，我一定会更开心。"

树儿心心念念想坐动车去找 AMOS，她没有距离概念，她以为杭州和温州的距离只有几站公交那么远。AMOS 已经离开两年了，她还时常问："什么时候能去杭州见

AMOS？我想跟她学画画。"

当年秋天，我有幸找到了第二位教学风格截然不同的美术老师——润润。AMOS 很珍视树儿的自闭特质，她拍下了数十张树儿哈哈大笑的照片。她反复和我说，树儿很好，不需要改变。润润则不同，她接纳树儿的自闭特质，同时也平等地对待树儿，不会刻意强调树儿的不同之处。她攻读了北师大的心理学本科学位，认为自己与传统意义上的美术老师不同，后者可能是以技法和知识的传授为主，但她不是，她是孩子亲近艺术的引路人，有时是同行者，有时是同伴。润润注重以美育滋润心灵，尊重儿童的原生态表达。

润润的课堂同样充斥着大量的聊天——树儿的画画课就没有安静过。七周岁以后，树儿的语言能力得到了大幅度提升，她爱上了聊天，所以画画课上润润得忍受树儿的话痨。润润的目标比 AMOS 的还高一点，她坚信树儿是有想象力的，经过教育，一定能开发出树儿的叙事能力，让她不单单停留在仿画阶段，而是变得有原创性、故事性。

润润认为，特殊孩子的绘画发展阶段不能完全以普遍的绘画发展阶段理论，即维克多·罗恩菲德（Viktor Lowenfeld）的绘画发展阶段理论作为参照标准。维克多在让·皮亚杰（Jean Piaget）的认知发展阶段论上做了进一步研究，其理论是针对普通孩子的主流儿童绘画发展阶段的，它只能对树儿的绘画规律起一定的参考意义，但大多数情况下树儿的情况并不适用于这一套理论。因为树儿对这个世界兴致索然，画面比较刻板，难以变化，表达的内容趋于停留在自己的舒适区内。她对新事物的适应与接受极其缓慢，属于你不费点劲她就不动的状态。

润润的教学设计很费心思。她仔细和我解释过她是如何为树儿备课的。首先，会根据树儿目前的智能与情感的发展程度作一个大致判断；其次，选择适合她的内容，结合当下的情况进行教学设计。由于不知道会遇到什么困难，也许会导致一个单元课的安排无法进行下去，所以还常常需要非常弹性的设计。找对思路，进行设计，然后备课、准备材料，至于如何引导，她也要事先在脑海中模拟，事先预判可能会遇到的各种阻碍。

只有极少数自闭儿的画非常具有故事性，他们可以精准仿画，甚至拥有"人肉照相机"的功能，这可能就是所谓的孤独症绘画天才。而作为普通自闭儿，为了拥有绘画表达的自由，树儿不能偷懒，这意味着我不能放松对她画画的监督陪伴。树儿的创作，不是草间弥生式的，她的树氏小人儿已经翻篇了，不会像草间弥生的波点般无限延展。在形成她的创作风格前，她还需要博采众长。但难点在于，她的兴趣范围很狭窄，无法像一块海绵一样在好奇心的驱使下，充分吸收各种画派的画法。另外，她非常注重局部细节，画画没有大局观。让她仿一幅人物画像，如果不经过提醒，人物四肢很可能会被大卸八块，凌乱地出现在画面上。我们必须不断地纠正和提示，协助她继续进步。

之所以我能坚持下来带树儿学习画画，以及后来树儿的画作能被一些公益机构选中参展被更多的人看到，这两位绘画老师功不可没。"我不认为存在天赋，所谓的天赋就是不断坚持练习的结果。"授课风格迥异的 AMOS 和润润有着初心上的共识。

2024 年 4 月，树儿的十五幅作品被武汉一家关注抑郁症等精神障碍的民间公益组织"栖息"选中，入围了第二届武汉精神障碍科普展。栖息团队还为树儿的画单独开辟了一块展区，展览期间树儿有三幅作品被售出。年底，该团队筹划举办树儿画作个展，并计划售卖原作、电子版及相关文创衍生品。"让我们把树儿变成摇钱树。"团队群里，大家开着玩笑。我参与了画作简介的撰写，树儿爸测量原作尺寸，提供数据给布展方，分批包装寄件，虽然他嘴上不说什么，但工作做得细致。

"这几天，我满脑子都是树儿的画。"团队摄影师王默和我说。他们从树儿的画里看到了爱，看到了树儿被无条件爱着、包容着。

在陪伴树儿画画的五年里，我一直反复提醒自己，重要的是树儿，画画是其次的。树儿虽然很刻板，很难发展出新的兴趣爱好，但一旦拥有一个兴趣爱好，便会一直坚持下去，直到有人按下遥控器的"退出"键，重新选择新频道新节目才可以。同时我也提醒自己，我需要接受一个可能性——有一天，她可能会厌倦画画。在那天到来之前，我希望她尽情地自由地画画。她不是什么孤独症绘画小天才，我也没打算去蹭各种孤独症公益画展，或者在小红书营销立人设，把她捧红，甚至让她成为我的文创摇钱树。我拒绝了所有这些不切实际的幻想。树儿能享受画画的过程，而我自己也能从陪伴她画画的过程中得到疗愈，更深地了解她的思想世界，就够了。

你好，树儿。很高兴通过画画认识你。

康复：Wing 和小张

　　除了家和学校，树儿待的最长的地方就是康复机构。自 2020 年开始去康复机构，树儿就喜欢去那里学习，至今没爆发过厌学情绪。我猜这跟康复机构高度包容学生的环境有关。在那儿，不允许用简单粗暴的诸如打骂孩子的方式去管教自闭儿。久而久之，树儿和孤独症康复师 Wing 和小张成了朋友。2020 年下半年至 2022 年年初，树儿一直跟着康复师 Wing 做干预治疗。Wing 当时是机构督导，她是学霸，也是一个孩子王类型的温柔坚定的老师，还是温州康复师里面为数不多拥有 BCBAa* 资质的人。后来树儿的情况有所好转，Wing 便将树儿转介给了小张。上小学后，康复频率下降，每周二和周四，树儿都满怀期

---

*　即助理国际认证行为分析师。

待地去上小张的课。小张的康复课（个训）涉及认知、情绪管控、社交规则等方面，着重提升树儿的语言行为能力。为了普校融合得更好，还会加一点小学的学业，学业内容是根据树儿自身的能力设计的，她上二年级时，数学水平还停留在一年级上册的阶段。

与那些自学康复理论，甚至考取 BCBA，在家坚持为孩子做各种实操练习的学霸家长相比，我是妥妥的学渣。能坚持五年孤独症康复接送，理由很简单——我觉得语言、行为分析方向的孤独症康复技术对树儿有用，而后来的成效也印证了我的坚持。比如，在休学康复期间康复老师花了大半年时间，让树儿有了上午、中午、下午、星期几、月份、季节的概念。在此之前，在康复师近一年的努力下，树儿还学会了辨识喜怒哀乐四种基本情绪的表情。

树儿跟着 Wing 康复时，Wing 尤其在树儿的社交能力上下了功夫——那时候树儿身上的刻板特质很明显，而这也是孤独症最主要的症状。当时，在中断了一年多的社交课学习后，树儿重新开始跟着 Wing 一周上一节社交课。当时树儿的能力处在 VB-MAPP 一阶，在一阶社交教学中，

Wing 的原则是不直接教授东西，不使用所谓的强化物控制孩子学习，在保证她情绪稳定的基础上迈出社交的第一步。课程是 Wing 根据自然情境教学和关系教学自主研发的。在我这个外行看来，就是三个能力匹配的孩子一起上游戏课，玩捉迷藏、看图猜话、飞行棋、冰壶等游戏，在游戏中贯穿比如轮流等待、提要求、分享等社交规则，通过玩来学习。这门课上的浩浩成了树儿少有的玩得来的朋友，两个孩子每次都是在热情洋溢的课堂上，在 Wing 的指引下一起玩游戏。这可能算是树儿独立自主和别人一起玩的第一步。

孤独症儿童听集体指令的能力较弱，注意力不容易集中，很难适应集体教学生活。在树儿看来，上康复课要比上学有趣得多。而在孤独症康复中心，她被视为一个正在成长的孩子，是老师的开发对象。为了上九十分钟的课，树儿路上来回得花上两个小时。但她依然每天都期待上 Wing 的课，期待在抬头就能看到白云投影的堆满玩具的教室里玩耍。而 Wing 也打心底为树儿每一个细微的进步而欣喜，她开心雀跃的时候像个孩子。对树儿来说，Wing

既是严格的老师又是亲密的玩伴。

"树儿的能力并不弱，她是有点轻度智力障碍，但认知有困难没有大关系，好好培养她的独立生活能力，长大后实现简单的就业是没问题的。"Wing 时常这么鼓励我，她非常尊重自闭儿的差异性，总在课堂上最大限度地提供情绪价值，不管是对树儿还是对我。"孩子还小，树儿的希望是蛮大的，她对人一直保持着足够的热情和关注，可能我们等她到了一定年龄，再挖掘她的职业潜能会更好。现在自理方面的技能也可以开始考虑起来，我相信做一份简单的工作，自立生活下去的希望还是蛮大的。"有一回，我悲观地向她发牢骚时她这样给我留言。

就这样，Wing 不厌其烦地帮树儿调整刻板言行，并接受她无法改变的特质，尽量创造出不同的环境，带她体验到更多新的乐趣。在她的努力下，树儿发展出了功能性语言，会自主提问，甚至会主动抛出聊天话题。她的问题行为（自言自语、生气激动时自残、强迫症等）明显减少，社交水平逐渐达到了 VB-MAPP 三阶。相比语言行为的三阶*，社交三阶会更加丰富，涵盖了孩子的社交礼仪、心智发展、情绪管理、自我管理、个人指令、集体指令、安全意识等各方面。若能达到这些项目类别的目标，自闭儿便能成为一个传统学校除了要求学业以外的合格小学生。

作为树儿的"社交康复老师"，Wing将自己形容成是一根辅助孤独症孩子朝前走的拐杖。但终有一天，孩子得扔掉这根拐杖，独立自主地走向世界。Wing和我说，树儿的纯粹乐天派性格对她来说很治愈，但她有点担心树儿的世界太过单纯，希望她能多长点心眼。为了能让树儿更好地"扔掉拐杖"，课堂之外她也操了不少心：Wing制作了一沓视觉提示卡片，作为上小学的礼物送给树儿，卡片内容包括"上课时看着老师""管好自己的手脚""先思考再说话"等。她还自己翻译了国外的社交故事绘本送给我，嘱咐我要读给树儿听，里面的内容包括基本社交技能、游戏技能、如何面对霸凌、适应学校与遵守纪律、减少焦虑

---

* 语言行为的三阶，即两岁半到四岁儿童的语言及相关技能阶段：会进行对答，用复杂一点的语言表达自己的生理需求和简单的情绪、社交需求。

和问题行为、管理激动情绪、解决社交问题等等。

第二位康复师小张是90后，入行四年，弹得一手好吉他，多才多艺。在从事康复师工作前，她是一名护士，也许是这一经历，赋予了她周全考虑的专业性和细致的做事态度，也让她对生命始终保持着谦卑与敬畏之心。她接到康复服务的项目后，需要先进行个案评估，做好个训计划；正式干预前要先建立关系；干预时，要根据孩子的能力不断调整干预内容。她告诉我，树儿的心智解读比较难教，干预安排基本上按照一个月来计划，中途可能会根据她的情况增减课时，全程注重鼓励式教育。

她给了树儿一张两个孩子争抢玩具的图片，问她正确的做法是什么：

"同学和你抢玩具，你怎么办？"

"我去玩别的玩具。"

"假如你也想玩这个玩具呢？你们争抢的话，会发生什么事？"

"玩具会坏掉。要把玩具补起来。"

"为了不让玩具损坏，应该怎么做？"

"不抢。"

"还应该怎么做，你们两个人才都可以玩玩具？"

"轮流玩。"

"你终于答对了，好棒！"

经过三番五次的引导，树儿才回答上来。

树儿学数学，畏难情绪严重且极其难教。作为家长，我崩溃几次后也跟着"畏难"了，但小张从不放弃。她很有韧劲，一题一题地分析，一点一点地增加难度。比如，树儿的数学计算能力特别薄弱，小张运用过逻辑狗教材，上网找过凑十法儿歌。后来她发现，结合购物游戏能最大限度地维持树儿的学习兴趣。于是教树儿数学十以内的加减法就变成一次次的购物付款游戏——"棒棒糖2元，可乐3元，你给我几元？"在游戏中，树儿拿着1元、5元、10元的仿真人民币结账。做对了小张就给她代币，做错了就撤走代币（这时树儿一般会开哭）。就这样，树儿的畏难情绪被一点点克服了。每节课结束，她都可以凭赢得的代币换取一个她喜欢的玩具。小张会将玩具借树儿玩一周，隔周归还。目前，这个游戏进阶成了二十以内的加减法。

慢慢地，树儿手中的"钱"还增加到了 20 元、50 元、100 元三种。

"树儿妈妈，树儿学会 9+2=11 了，太棒了！"点滴进步，小张都看在眼里。

像当时期待和 Wing 见面一样，如今的树儿每周都期待着见到小张老师，在康复课上和小张老师聊聊最近发生了什么。教师节的时候，在我的建议下，树儿参照小张的朋友圈，选了一张照片来画，作为教师节礼物。她画了小张凝视窗外的文艺照，还自发地写了"张老师长发漂亮"。

不仅树儿是小张老师的学生，我也是。小张是我本人加强了解孤独症的一个信息窗口，她和我分享了家长及社会大众对于孤独症康复存在的许多误区：孤独症是后天心理问题，是教养关系出了问题；孤独症是电子产品导致的；孤独症只是不会说话，没有眼神接触，其他的都是正常的；康复的时效性不用很长，有起效的时候则停止，马上进入幼儿园适应；只要来康复，短期就会有效果，会有和正常孩子一样的能力……

现实中，周围环境以及大众的偏见、经济问题、家长对孤独症康复的认知等各种因素制约了孤独症康复的效果。对此，她有针对性地给我提供了一些居家康复建议：

1. 注意将树儿在康复机构和学校学习到的东西应用、泛化到家里面去。

2. 及时和康复师沟通，知道树儿在学习什么，知道康复师是怎么干预的，尽可能在家中运用康复师的干预方法。

3. 有精力有条件的话，在家里面也设置一个类似康复机构干预的生活空间。

4. 当树儿有不良行为时，家长应对的方式应与康复师一致。

5. 制定符合树儿生活习惯的作息表、一日流程表，尽量减少对日程的干扰，因为自闭儿比较刻板，所以如果日程有变更，需要提前告知，以让其有时间适应变化。

此类种种，不仅缓解了我自己的一些焦虑，也让我更加清楚作为树儿的母亲，未来该如何一步步去做。

在我的理解中，康复师就像一个家庭观察者，透过康复师的视野，可以折射出家庭教育中存在的问题，比如对孩子太过宠溺或太过严厉。同时，康复师也发挥了心理咨询师的部分功能，通过和康复师沟通，能缓解我的育儿压力，改善亲子关系及夫妻关系——此前也提到，我与树儿爸在育儿理念上存在较严重的分歧。康复师的服务对象不单单包括自闭儿，还包括家长。为自闭儿提供康复服务，维系好与家长的关系，获取家长长期的信任，是身为康复师必备的两种能力。假如把孤独症儿童比喻成石头，康复师则有点像雕刻家，经由他们千锤万凿，粗粝的石头会被雕琢得相对圆滑（能适应社会，起码能居家生活自理）。每一块顽石在懂得珍视它的价值的人眼里，都是璞玉。

后

记

诸神判罚西西弗将一块巨石不断地推上山顶，巨石又因自身重量再滚落下去。诸神当初不无道理地认为，最可怕的惩罚，莫过于无用、无望且重复的劳作。

——《西西弗神话》

西西弗的重复毫无意义？不是的，西西弗不是在机械地重复，他没有被巨石压垮，也没有选择放弃，他终其一生都在与命运抗争。

养育树儿的过程，有点像西西弗推巨石，她身上有许多刻板行为，解决完一个刻板问题，又会有一个新的刻板问题出现。她的刻板癖好有很多，有的需要调整，有的则无伤大雅。比如，她很爱玩荡秋千，每回一去公园或儿童游乐角，她就会去找秋千，排队二十几分钟都愿意等。她能自我加速，荡得很高，仿佛能冲向天空。不人为介入的话，她会一直荡上成百上千下。

"妈妈，我要荡得那么高，呼~呜~的一声，飞到太阳上去！"

我珍惜她能够自由自在荡秋千的时光。起码在来回摆荡的过程中，她是自由的。

树儿经常荡秋千的杨府山公园，每回去都要排很久的队才能荡到。排到后，孩子们大多不愿意主动停止，荡上半个小时都不肯停下来。树儿经常被插队，我在一旁干着急，喊："排到了，你就赶紧跑过去，别被插队啊！"但她至今还没学会义正词严地对插队的孩子说："插队是不对的，请你排队。"不过，我教会了她不能一个人霸着秋千不放，得大家轮流玩。每回荡秋千，她就默数到一百下，然后停下来。

然而慢慢地，与她同龄的小孩已经去玩手机和电脑游戏了，她还在荡着秋千。普通小孩随着慢慢长大，不会再去玩儿童秋千，转而有新的爱好。但树儿有可能到了十八岁甚至更大年龄，还是喜欢荡秋千。有一次夏天中午酷热，她非要玩荡秋千。我磨破嘴皮子她都不听劝。于是，我带着她汗流浃背地来到了商场的一处户外荡秋千，她坐上秋千板，屁股被灼热的木板烫了一下，才放弃了荡秋千的执念。那次切身经历让她深刻体会到，不能天很热的时候去玩荡秋千。

所有的这些都在提示着我，提示我不能偷懒。一旦躺平，她可能会问题行为激增，那么这五年的康复努力就会打水漂。假如我不循环往复地和她沟通，并且为她寻找新的互动点，她就可能会回到她的星球上去。

比起其他普通孩子，她的进步是缓慢的。我逐渐放弃了对她的不合理期待，不再拿对普通孩子的要求来要求她。她是一个独立的个体，一个独特的生命。身为她的父母，我能做的就是接纳她的独特，并不企图去消灭这些独特性，让她能来回穿行在两个星球之间，一路畅行无阻。她小时候很需要我，当妈妈的充实感帮我抵御了全职妈妈的身份危机。但现在，我半是欣慰半是忧虑地看到，她越来越独立了。她对于我的依赖越来越少，难道我存在的价值就是每天接她上下学，为她一天煮三顿饭？2023 年 12 月，我在结束了小学一年级的陪读生涯后，突然陷入了人生价值危机中。不需要我陪读后，我如果不去上班，每天就会无所事事。当时我的双相情感障碍躁狂也发作了。短短一个月时间，我写下了四万字的陪读日记，当时我在朋友的咖啡馆里码字，键盘敲得像在弹钢琴曲，夜深人静还能熬夜写到凌晨两三点。

树儿需要一个情绪稳定、悦纳自己的妈妈。相比陪伴的时长，陪伴的质量更加要紧。2024 年 2 月，我在四川树儿爷爷家双相情感障碍偏抑郁发作，感受不到和树儿相处的快乐了。我躯体化症状严重，双腿无力。每次和树儿一起走路，我只能看着她在前面意气风发地走，自己在后面气喘吁吁地跟着。我想，我要尽快恢复生命力，和她一起手牵手并排走。我迫切渴望走出抑郁期，重返职场，成为一个上班的妈妈，更加注重陪伴的质量，一如既往地去爱树儿。

就在这时，前一年的双相情感障碍躁狂发作时的"写作"反而给了我启示，成为我的一个方向。实际上，我从十年前就开始写作了。当时写了篇《咖啡瘾徒笔记》，投稿给"行距杯"年度征文大赛，经董晗编辑推荐，入围了。在去往四川的绿皮火车卧铺车厢上铺，我动笔写下了第一行字，讲述了自己与咖啡瘾作斗争的故事。后来越写越长，涉及了双相情感障碍的母亲。但文章结构一直很凌乱，主线不清晰。2018 年我确诊双相情感障碍时，我的两位精神科医生对于我是否该坚持写作意见相左。"以你目前的精神状态，我个人建议你先暂停写作。或许将来你能成为一名作家，但现在还是去找份简单点的工作，出去上班比较实际。"凌医生反复强调。而另一名医生 Lisa 则认为，写作是种释放，写自己的事，分享自己的体会是有价值的。只是在写作时要保护好自己的隐私。

　　暂停写作，甚至放弃写作，这个问题我琢磨过。思前想后，还是决定继续写。动机除了文字变现外，还有一个简单的理由，即写作几乎是我唯一可称得上是技能的东西。另外我也在想，一些工作诸如文秘、文字编辑、文案策划，是需要应聘者具备一定的写作功底的。写作过程中要求的自律、勤奋、专注、严谨、观察力、想象力等恰恰也是许多工作要求的品质。也许我的下一份工作就与写作有关。

也是在 2018 年，我与北京行距文化传媒有限公司签约，编辑程欣负责代理我的作品版权，她花了很大的精力帮助我整理结构，推广书目，书名定为《只有一半影子的人》。其间上海文艺出版社的编辑刘志凌还审阅过我的稿子。她和我说："放下，往后看，去看见树儿、树儿爸、外婆的好。也不要把所有的问题都归结于自己得了双相情感障碍。真实地面对自己，先好好生活，再写作。"不过这部分书稿由于我自身的问题，于 2024 年 4 月 2 日，经双方协商，解除了出版代理合同。

但我还在写。

2024 年 4 月，我在程欣的推荐下，将那四万字的"陪读日记"投稿给了广西师范大学出版社旗下北京贝贝特出版顾问有限公司发起的"不一样的社会观察"论坛。作品最终入选。论坛当天，我和读者观众分享了陪读一年的经历，讲述了树儿在普通学校融合的故事。观众提问环节，有许多人举手提问。我突然意识到，我写的虽然仅仅是树儿的故事，但孤独症群体也受到了公众的高度关注。我的写作或许没有我自以为的那么私密，它也具备一定的社会议题性质。

　　而后，在我接到北京贝贝特编辑的邀请，决心要把这部稿件扩充成一本完整的书时，曾向总编表达过我的担忧："杨晓燕老师，我现在处在抑郁期，可能稿子质量会没有之前躁狂时那么好，我也不知道抑郁期何时过去。"

　　"别有顾虑，只管好好写，再怎么慢，一年也就写完了。"杨老师热情地鼓励我。

　　至今，我仍旧没有从抑郁中走出来，但通过写作，我的抑郁得到了较好的控制，我也找回了一点自我价值感。抑郁就像一层屏蔽活力、快乐的滤镜，我看着生龙活虎的树儿甚至感到有点陌生，我努力回忆她小时候的样子，翻找留存下来的各种记录，写下我这十年养育她的经历，我与本书的编辑之一罗梦茜不断交换彼此的想法，一起精进这本书。通过每天的写作，我也从心底感受到了我的女儿的珍贵。过去十年，我虽然是全职妈妈，但我没有虚度光阴。

　　写作是否会通向救赎，我不确定。但可以肯定的是，它是一种释放、一种宣泄。揭开伤疤的写作本身就是一场艰苦卓绝而又痛快淋漓的治疗。而在当下，私人的写作也

后记

257

可以具有社会价值，甚至历史价值。"你的私事，七大姑八大姨的事，关我什么事儿？为什么我要花时间去读你的自说自话？"也许有人会问。但，一切历史都是当代史。自传能折射出作者本人所处的大环境和那个大环境下的人们的生活状态。读者总能在作者的自说自话里找到一些与自己相通的碎片。许多事情是超越种族、性别、国籍的，比如忧伤、快乐、老人的亡故、新生儿的诞生等。从这个角度来讲，树儿的养育经历能超越孤独症儿童的边界，为所有育儿的家长提供参考与经验也未可知。

当然，我最想把这本书献给的，还是那些关心孤独症话题的人，以及与我有着相同境遇的家长和相关教育从业人士。我国有那么多自闭儿，他们的声音需要被听见，他们父母的心声也需要被听见。我写的是树儿成长的故事，同时也是千千万万普通自闭儿和他们的养育者的故事。照顾自闭儿的父亲母亲们，你们并不孤单。

2024 年 12 月 30 日定稿

树儿：我的女儿来自星星

SHUER：WODE NÜER LAIZI XINGXING

图书在版编目 (CIP) 数据

树儿：我的女儿来自星星 / 朱矛矛著 . -- 桂林：
广西师范大学出版社 , 2025. 3. -- (不一样的社会观察).
ISBN 978-7-5598-7966-0

Ⅰ . G766

中国国家版本馆 CIP 数据核字第 2025MG6525 号

广西师范大学出版社出版发行

广西桂林市五里店路 9 号　邮政编码：541004
网址：http://www.bbtpress.com

出　版　人：黄轩庄
责任编辑：吴赛赛
助理编辑：陈　雪
装帧设计：尚燕平
内文制作：张　佳
全国新华书店经销

发行热线：010-64284815

北京盛通印刷股份有限公司印刷

北京市经济技术开发区经海三路 18 号　邮政编码：100023

开本：787mm×1092mm　1/32

印张：8.25　插页：4　字数：118 千

2025 年 3 月第 1 版　2025 年 3 月第 1 次印刷

定价：48.00 元

如发现印装质量问题，影响阅读，请与出版社发行部门联系调换。